인구제국

인구가 바로 국력! 인구를 중심으로 한 제국의 역사를 파헤친다

인구제국

이삼식 · 오경림 지음

푸른사상
PRUNSASANG

대한민국은 저출산, 인구 감소, 인구 고령화라는 깊은 고민에 빠져 있다. 21세기, 우리는 인구절벽이라는 새로운 공포의 시대를 맞이하고 있다.

저출산 등의 인구 현상은 우리에게 무슨 의미를 가질까? 인구 변동이 우리의 삶에 어떠한 영향을 미치고, 어떠한 경로로 영향을 미칠까? 사실 인구 현상은 결코 홀로 변하는 법이 없다. 그것은 단순한 숫자의 변화를 넘어, 시간의 흐름 속에서 정치, 사회, 경제, 문화 등 모든 영역과 복잡하게 얽혀 있는 다차원적 현상이다. 이러한 복잡한 연관성은 특정 시점에서 쉽게 파악하기 어렵기에, 우리의 이해는 종종 표면적인 현상이나 단기적 해석에 머물기 쉽다. 그래서 인구와 사회경제적 영역들이 서로 어울려서 변화하는 모습은 긴 시간을 통해 추적해야 하며, 이를 통해 우리는 비로소 인구 변동의 진정한 의미를 이해하게 된다.

19세기 후반, 유럽 국가들은 인구 구조의 근본적인 변화를 겪었다. 고출산–저사망에서 저출산–저사망으로의 전환은 사회 전반에 충격을 안겼다. 특히 프랑스와 독일에서는 저출산으로 인한 국력 약화와 타국 지배에 대한 우려가 컸다. 이는 그들이 역사를 통해 인구 변동이 국가의 운명에 미치는 결정적 영향을 뼈저리게 경험했기 때문이다. 급기야 독일은 1915년부터 적극적인 출산 장려 정책을 펼치기 시작한다.

이와 같이 유럽 국가들, 특히 독일이 20세기 초 '출산율 하락과의 전쟁'을 선포하였음에도 불구하고 대한민국은 50여 년이 지난 1960년대 초 정반대의 길을 택했다. 출산 억제 정책을 적극적으로 추진한 것이다. 높은 인구증가율이 경제 발전의 발목을 잡을 것이라는 단기적이고 현상적인 해석에 기반한 결정이었다. 그로부터 불과 40여 년이 지난 2000년대 초, 대한민국은 극적인 정책 전환을 맞이하며 출산율을 높이는 데 고심하게 된다. 이는 인구 변동을 역사적 맥락에서 깊이 있게 이해하지 못하고, 장기적 안목을 갖추지 못한 결과일 수 있다.

이 책은 독일의 역사 속 인구 변화의 흐름을 이야기한다. 긴 시간의 물줄기 속에서 독일의 흥망성쇠가 인구 변화와 어떻게 얽혀왔는지, 그 복잡한 관계를 면밀히 살펴본다. 독일의 국가 정체성이 인구 변동의 파도 속에서 어떻게 변모해왔는지를 해부하고, 이러한 변화가 국가 구성원들의 삶에 어떤 의미를 지녔는지 역사적 맥락에서 조명한다.

　이 책이 인구 변동에 대한 완벽한 통찰력을 제공할 것이라 단언하기는 어렵다. 인구 변동은 단순한 수치나 정책의 문제를 넘어서는, 인류의 진화와 운명에 맞닿아 있는 거대하고 복잡한 흐름이기 때문이다. 그럼에도 이 책은 독자들에게 거대한 역사의 물결을 이끄는 인구에 대해 우리가 얼마나 겸허하고 신중한 자세를 가져야 하는지를 일깨워줄 것이다. 이는 단순히 과거를 이해하는 데 그치지 않고 오늘을 살아가는 우리의 삶에서 인구 변화가 갖는 중요한 의미를 이해하는 데도 도움이 될 것이다.

2024년 11월
이삼식 · 오경림

차례

제4장 인구제국 대전환 ▸▸▸ 제4제국 : 현대 독일

인구 모래시계

인구^{Population}는 특정 국가나 지역에 사는 사람의 수를 나타내지만, 그 의미는 더 깊다. 라틴어 'populus(사람들)'에서 유래한 이 개념은 한 사회의 과거, 현재 그리고 미래를 담고 있다. 인구는 개개인의 삶이 모여 형성된다. 출생, 성장, 이동 그리고 사망에 이르는 개인의 삶이 모여 인구라는 큰 그림을 그린다. 결국 인구는 개인의 삶이 모여 만들어내는 거대한 사회적 흐름이다.

인류 역사에서 인구는 언제나 중요한 관심사였다. 이유는 명확하다. 국제 관계는 결국 힘의 정치$^{power politics}$로 귀결되며,[1] 그 힘의 원천이 인구이기 때문이다. 군사력과 경제력으로 대변되는 국력$^{national power}$[2]은 근본적으로 인구에서 비롯된다.

국가 간 관계는 각국이 가진 힘의 균형과 변화에 따라 결정된다. 경제 제재, 군사력 과시, 국제 협상에서의 발언권 등 모든 것이 이러한 힘의 역학관계를 반영한다. 예를 들어, 경제 제재를 통해 한 국가가 다른 국가의 행동을 변화시키려 하거나, 군사력을 과시함으로써 자국의 이익을 지키려는 행위 등이 이에 해당한다. 또한 국제 협상에서 강대국이 더 큰 발언권을 갖거나, 약소국들이 연합하여 힘의 균형을 꾀하는 것도 이러한 역학관계의 표현이다.

그리고 인구는 국가의 모든 역량을 지탱하는 근본이다. 한 국가의 현재와 미래의 잠재력, 그리고 국제 사회에서의 영향력을 결정짓는 핵심 요소이다.

인구 감소가 국가적 위기로 인식되는 이유가 여기에 있다. 사회 불안과 국제적 영향력 약화를 우려한 국가들은 역사적으로 인구 증가에 주력해왔다. 특히 주변국과의 갈등이 고조될수록 인구 경쟁은 더욱 치열해졌다.[3] 과거부터 인구 성장은 통치자의 중요한 덕목이자 의무로 여겨졌다.

한 국가의 인구 변화는 마치 모래시계와 같다. 모래시계가 다 흐르면 뒤집어 새롭게 시작하듯, 인구의 규모나 구성은 역사의 긴 흐름에서 비슷한 패턴을 그린다. 인구가 늘었다가 줄어들고, 이주민을 받아들였다가 제한하는 등의 변화가 마치 모래알처럼 쌓이고 흘러내리며 반복되는 것이다. 독일의 역사는 이러한 '인구 모래시계'의 흐름을 극명하게 보여주는 예시이다. 게르만족의 대이동부터 시작하여 현대 독일에 이르기까지 독일은 여정은 단순한 인구 증감이 아닌 문명의 흐름을 바꾸는 인구 레볼루션Population Revolution의 연속이었다.

처음 이방인으로 로마 제국에 유입된 게르만 민족(게르만족)은 다민족 영방국가 체계라는 공존 관계에 기반한 신성 로마 제국을 건립했다. 이것이 첫 번째 인구 레볼루션이다. 이후 시간이 흐르며 인구의 힘을 축적한 게르만족은 주변국을 통합해 단일민족 국가인 독일 제국을 건설했다. 다민족에서 단일민족 국가로의 전환, 이것이 두 번째 인구 레볼루션이다.

단일민족 국가로서의 독일은 나치 시대를 거쳐 현대까지 이어졌다. 그러나 20세기 후반, 급격한 출산율 하락으로 인구 위기에 직면한 독일은 다시 한번 변화를 겪는다. 이민자 수용 정책을 통해 다문화 국가로의 전환을 시도하는 것이다. 1650년 전 자신들이 이방인으로 유럽에 들어왔듯이, 이제는 새로운 이민자들을 받아들이는 입장이 된 것이다. 이는 세 번째 인구 레볼루션이라 할 수 있다.

이는 단순한 정책 변화나 일시적 인구 증감이 아닌, 인구의 근본적인 변화를 의미한다. 인구의 급격한 변화, 그에 따른 사회적 대응, 새로운 균형의 형성이라는 패턴이 시대마다 다른 형태로 나타난다. 이는 마치 모래시계를 뒤집을 때마다 새로운 흐름이 시작되는 것과 같다.

이와 같이 역사는 비슷한 패턴을 그리며 진행된다. 결국 인구를 이해하는 것은 곧 사회의 과거를 해석하고, 현재를 진단하며, 미래를 예측하는 열쇠가 되는 것이다. 우리는 마치 영원히 지속될 것 같은 현재가 곧 과거가 될 것임을 인식하면서도, 이 순간의 선택이 미래를 결정한다는 점을 기억해야 한다.

┃인구
┃제국

'제국'은 일반적으로 정치적, 군사적 및 경제적 힘을 바탕으로 다른 민족이나 문화에까지 통치권을 확장한 국가를 의미한다. 이 책에서는 이러한 전통적 제국의 개념을 확장하여 '인구제국'이라는 새로운 패러다임을 제시한다. 인구제국은 인구 자체가 국가의 주된 힘의 원천이 되는 나라를 말한다. 이는 단순히 영토를 확장하는 것을 넘어, 인구의 힘으로 외부의 압박을 이겨내고 때로는 그 영향력을 확장한 국가들을 포함한다.

역사의 장대한 흐름 속에서 독일은 가장 성공한 인구제국 중 하나로 평가된다. 독일의 공식 국호인 독일국, 즉 도이체스 라이히Deutsches Reich는 '독일 민족국가'라는 의미를 함축하고 있으며, 이는 독일 인구 모래시계의 시간적 흐름을 관통하는 핵심 개념이다.

독일의 역사는 게르만족의 대이동에서 시작하여 신성 로마 제국, 독일 제국, 나치 독일을 거쳐 현대 독일에 이르기까지 연속성을 지닌다. 독일 민족주의자들은 독일의 역사를 제국의 연속된 흐름으로 보았다. 이들은 역사적 시기를 구분하여, 신성 로마 제국(962~1806)을 제1제국Erstes Reich, 프로이센 호엔촐레른 왕가의 제국(1871~1918)과 바이마르 공화국Weimarer Republik(1918~1933)을 제2제국Zweites Reich, 아돌프 히틀러의 나치 독일(1933~1945)은 제3제국Drittes Reich으로 불렀다. 이러한 역사적 맥락에서 제2차 세계대전 이후 수립된 현대 독일은 제4제국Viertes Reich으로 볼 수 있다.

독일의 역사는 인구를 중심으로 하는 거대한 제국의 흐름이다. 제1제국부터 제4제국에 이르기까지, 각 시대는 서로 다른 모습으로 인구제국의 특성을 보여준다. 인구 모래시계의 흐름, 즉 인구 변화의 흐름은 국가의 흥망성쇠와 긴밀히 연결되어 있다. 독일의 시간을 따라가다 보면, 각 시대마다 인구가 지닌 힘과 그 의미를 찾을 수 있을 것이다.

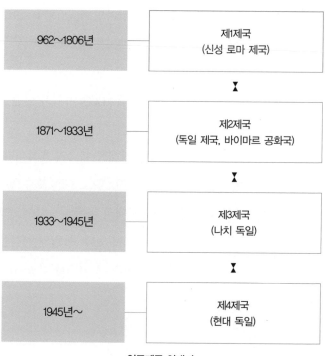

962~1806년	제1제국 (신성 로마 제국)
1871~1933년	제2제국 (독일 제국, 바이마르 공화국)
1933~1945년	제3제국 (나치 독일)
1945년~	제4제국 (현대 독일)

인구제국 연대기

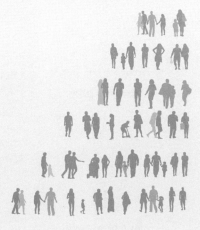

제1장

인구제국 탄생

제1제국 : 신성 로마 제국

제1제국의 시간 속으로

이주민에 불과했던 게르만족이 서로마 제국을 멸망시키고 신성 로마 제국(962~ 1806)을 건설할 수 있었던 원동력은 무엇인가? 이 제국이 장장 850년가량에 걸쳐 하나의 제국으로 유지될 수 있었던 비결은 무엇인가?

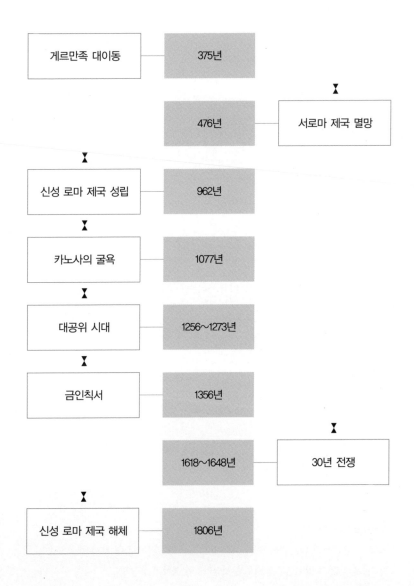

게르만족 대이동	375년	
	476년	서로마 제국 멸망
신성 로마 제국 성립	962년	
카노사의 굴욕	1077년	
대공위 시대	1256~1273년	
금인칙서	1356년	
	1618~1648년	30년 전쟁
신성 로마 제국 해체	1806년	

이방인 게르만족 정착

게르만 민족의
대이동 시작

독일 인구의 기원은 게르만족의 대이동에서 시작된다. 이 대이동
은 생각보다 복잡하고 오랜 시간에 걸쳐 일어난 일이다.

게르만족이라고 하면 한 민족 같지만, 사실 여러 부족의 모임이
다. 기원전 대이동 때는 프랑크족, 고트족, 반달족, 앵글로색슨족, 랑
고바르드족, 수에비족, 프리시이족, 유트족, 부르군트족, 알레마니
족, 스키리이족 등 많은 부족이 게르만이라는 이름 아래 있었다. 그
러나 이들은 같은 게르만족이라도 다른 부족이면 남처럼 여겼고, 때
로는 서로 적이 되기도 했다.

게르만족은 스칸디나비아 남안과 북유럽의 유틀란드 반도(독일과

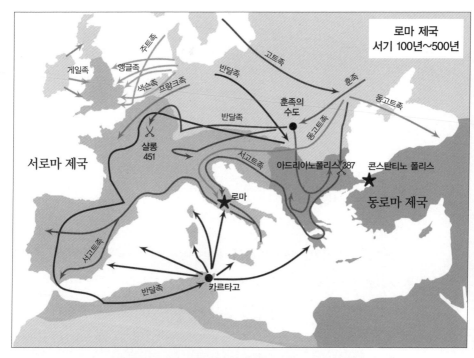

로마 제국
서기 100년~500년

주트족

앵글족

색슨족

게일족

프림크족

반달족

고트족

훈족

동고트족

훈족의
수도

반달족

동고트족

서로마 제국

샬롱
451

서고트족

아드리아노폴리스 387

콘스탄티노 폴리스

동로마 제국

로마

서고트족

반달족

카르타고

기원전부터 거의 1세기 동안 지속된 게르만족의 대이동 경로
게르만족의 대이동은 유럽 전역의 판도를 바꾸는 역사적 사건이다.

덴마크에 걸쳐 있는 반도)에서만 살았다. 이들 중 일부 게르만족은 기원전부터 이주를 시작했는데, 이 이동은 여러 번에 걸쳐 일어났다. 첫 번째로는 가까운 엘베강과 오데르강 사이로 이주했다. 이 강들은 지금의 독일, 체코, 폴란드, 오스트리아 국경을 흐른다. 두 번째는 기원전 200년쯤에 독일 남쪽으로 이동했다. 세 번째는 기원전 100년쯤에 시작됐는데, 로마의 갈리아 지역(지금의 프랑스, 벨기에, 스위스 서부, 라인강 서쪽 독일 땅)으로 이주하여 자리를 잡았다. 375년부터는 아시아에서 온 훈족이 쳐들어와서 더 서쪽으로 이동했고, 이때 지금의 독일이 있는 서로마 제국 땅으로 들어갔다.

또 다른 게르만족들은 기원전 600년에서 300년 사이에 스칸디나비아가 추워지자, 반대편 발트해 해안가로 향하는 비스와강으로 이주했다. 그 후 더 남쪽으로 내려가 켈트족을 밀어내고 중부 유럽을 차지했다.

이렇게 게르만족들은 거의 1천 년 동안 조금씩 유럽 전역으로 퍼져나갔다. 주목할 점은 독일인들의 조상이 본래 다른 지역에서 이주해 온 이방인이었다는 사실이다. 그렇다면 이민족인 게르만족이 처음 정착한 땅, 로마 제국에서 살아남을 수 있었던 힘은 무엇이었을까? 또한 당시 로마 제국의 어떤 상황이 게르만족의 정착을 가능하게 했을까?

서로마 제국을
무너뜨리며

    게르만족의 대이동이 절정에 달할 무렵, 로마는 제국의 황금기를 맞이하고 있었다. 기원전 8세기에 건국된 로마는 왕정과 공화정을 거쳐 제국으로 성장했다. 로마의 영토는 실로 광대하여, 동쪽의 메소포타미아(지금의 이라크)부터 서쪽의 히스파니아(지금의 스페인), 남쪽의 이집트, 북쪽의 브리타니아(지금의 영국)까지 뻗어 있었다.

    로마인들은 여러 대륙에 걸친 거대한 지중해를 "우리 바다^{Mare Nostrum}"라고 불렀다. 이는 단순한 과장이 아니라 실제 로마의 지배력을 반영한 것이었다. 로마 제국이 사라진 후 1,500년이 넘는 시간이 지난 지금까지도 이렇게 큰 지중해를 한 나라의 바다, 즉 내해(內海)로 여길 만큼 강한 나라는 다시 나타나지 않았다.

    기원전 120년, 북유럽의 유틀란드 반도에 큰 기근이 닥치자, 이곳에 거주하던 게르만족인 킴브리족과 테우토니족이 남하하면서 로마와 맞닥뜨리게 된다. 로마는 이들의 이탈리아 침공을 우려하여 여러 차례 군대를 보냈으나 전멸하고 말았다. 기원전 105년에는 12개 군단을 동원했으나 8만 명이 전사하는 참패를 당했다.[4] 이에 기원전 107년, 로마 공화정은 장군이자 정치가인 가이우스 마리우스^{Gaius Marius}(기원전 157~기원전 86)의 지도하에 군제 개혁을 단행했다.

킴브리족과 테우토니족은 다른 대다수 게르만족들과 마찬가지로 농경민으로, 로마에 대한 정복과 약탈보다는 한 곳에서의 정착을 희망했다. 그들은 바로 이탈리아로 진격하는 대신 정착지를 찾아 이베리아반도와 갈리아를 유랑했으며, 이 과정에서 선주민들과의 전투로 전력이 소모되어 결국 분열되고 말았다. 기원전 102~101년, 분열된 게르만족이 각각 다른 방향으로 이탈리아에 접근해 오자, 군제 개혁으로 직업 군인화된 로마군은 이들을 격퇴했다. 이때의 군제 개혁으로 로마군은 용병화되어 로마가 공화정에서 제정으로 이행하는 중요한 한 원인이 되었다.

로마 제국의 초대 황제 아우구스투스Caesar divi filius Augustus(기원전 63~기원후 14)는 게르만족과의 경계를 라인강에서 엘베강으로 확장하기 위해 10여 년에 걸쳐 게르마니아 정복 사업을 펼쳤다. 그러나 기원후 9년, 게르만족의 지도자인 아르미니우스Arminius(기원전 18~기원후 21)가 이끄는 게르만족 연합이 토이토부르크 전투에서 대승을 거두면서 로마와 게르만족의 국경은 라인강과 도나우강으로 확정되었다. 3세기에는 다른 게르만족인 고트족, 프랑크족, 알레마니족이 로마를 공격하여 타격을 주기도 했다.

로마 제국은 3세기 말 원활한 통치와 효과적인 관리를 위해 동과 서로 나누어졌다. 323년 콘스탄티누스는 내전 후 황제가 되어 동로마의 수도를 비잔틴(이후 콘스탄티노플)으로 정했다. 서로마 제국에

히베르니아
(현 아일랜드)

브리트니아
(현 영국)

론디니움 •
(현 런던)

게르마니아
인테리오르
(현 독일)

루그두넨시스
(현 프랑스 중부)

루드두눔
(현 리용)

아퀴타니아
(현 프랑스 남서부)

노리쿰
(현 오스트리아)

다르보넨시스
(현 프랑스 남부)

달마티아

루시타니아
(현 포르투갈)

타라코넨시스
(현 스페인 북동부)

이탈리아

• 로마

바에티카
(현 스페인 남부)

마우레타니아 팅가타나
(현 모로코)

마우레타니아
카이사리엔시스
(현 알제리)

시칠리아

서기 117년경 로마 제국의 최대 영토와 행정구역
전성기의 로마 제국은 유럽 전역과 북아프리카까지 포함한 광대한 영토를 자랑했다.

다키아
(현 루마니아)
하 메시아
(현 불가리아)
상메시아
(현 세르비아)
트라키아
비티니아와 폰투스
(현 터키 북부)
아르메니아
카파도키아
(현 터키 동부)
마케도니아
갈라티아
(현 터키 중부)
소아시아
(현 터키 서부)
아테나
시리아
메소포타미아
(현 이라크)
페트라
키레네
(현 샤하트)
알렉산드리아
아이귑투스
(현 이집트)

서는 라틴계가 그리고 동로마 제국에서는 그리스계가 우세했다.

375년경, 아시아에서 밀려온 훈족의 침입으로 게르만족인 동고트족이 서쪽으로 이동하고, 그로 인해 주변의 다른 게르만족들도 연쇄적으로 이동하게 된다. 이 '게르만족의 대이동'은 이전의 산발적인 이동과 달리 대규모로 진행되어, 서로마 지역을 빠르게 '게르만화'시켰다. 그 결과 서로마 제국의 영토는 프랑크족, 반달족, 동고트족, 서고트족, 랑고바르드족(롬바르드족) 등 게르만족들의 지배하에 놓이게 되었다. 특히 서로마 제국의 북쪽 변경 지역은 더 이상 로마인 중심 사회가 아닌, 게르만족의 사회로 빠르게 변모해갔다.

사실 거대한 로마 제국을 유지하는 일은 쉽지 않았다. 무엇보다도 끊임없는 전쟁을 위해서는 강력한 군사력이 필요했고, 이는 충분한 인구 유지를 전제로 했다. 초기에는 인구가 증가하여 군대 유지에 문제가 없었지만, 시간이 지나며 상황이 변했다. 군제 개혁으로 징병제를 지원제로 바꿨으나 시민 군대의 병력 충원이 어려워졌다. 풍요로워진 로마 시민들 사이에서 결혼과 출산을 기피하는 경향이 증가했기 때문이다.

로마 시민의 자녀 수는 기원전 2세기에는 평균 10명 이상이었으나, 로마 공화정 말기 정치가인 율리우스 카이사르Gaius Julius Caesar(기원전 100~기원전 44)가 활동하던 시기에는 2~3명으로 급감했고, 이후 더욱 감소했다. 특히 귀족을 비롯한 중산층에서 출산 기피 현상이 두드러졌다. 그리스 역사가 폴리비우스^{Polybius}(기원전 203~기원전 120)는 『히스토리아^{Historiai}』에서 아래와 같이 기록했다.

> 현재는 아이를 갖지 않는 사람이 전역에 많으며 전체적인 인구 감소도 엿보인다. (…) 장기적인 전쟁이 있었다든가 역병이 돈 것도 아니었는데 말이다. (…) 인구가 감소한 원인은 번영을 누리게 된 인간이 탐욕과 태만에 빠져 결혼을 원하지 않고, 설령 결혼할지라도 태어난 아이를 양육하려 하지 않으며 아이를 유복한 환경에서 방종하게 키울 생각으로 기껏해야 한 명이나 두 명만 낳는 데 있다.[5]

아우구스투스 황제^{Caesar divi filius Augustus}(기원전 63~기원후 14)는 이를 심각한 문제로 인식하고 로마 제국의 인구 감소 문제를 해결하기 위해 '렉스 율리아^{Lex Julia}'와 '렉스 파피아 포파에아^{Lex Papia Poppaea}' 등의 법률을 제정했다.[6] 이러한 법률들은 결혼과 출산을 장려하고 독신을 억제하는 것을 주요 목적으로 삼았다.[7] 25세 이상의 남성과 20세 이상의 여성 중 미혼자들은 상속이나 유증을 받을 수 없었다. 또한 25세~59세 남성과 20세~49세 여성은 결혼했더라도 자식이 없으면 유산의 절반만 소유할 수 있도록 제한했다.

반면, 다자녀 가정에는 '세 아이 법^{jus trium liberorum}'을 통해 다양한 혜택을 제공했다. 일정 수 이상의 자녀를 둔 사람은 후견인 직책에서 면제되거나 공직 선출에서 우대받았다. 특히 후견인 직책 면제는 가장 큰 혜택으로 여겨졌는데, 이를 통해 당시 후견인이 짊어져야 했던 법적 책임, 경제적 부담, 사회적 위험으로부터 자유로워질 수 있었기 때문이다. 이러한 혜택은 다자녀 가정이 자녀 양육에 집중할 수 있는 환경을 조성하는 동시에, 사회적 지위도 높여주는 이중의 효과를 가져왔다.

인구 증가를 위한 다양한 정책에도 불구하고, 로마 제국의 인구는 계속 감소하였다. 특히, 2세기 중반에 발생한 안토니누스 역병은 로마 제국에 큰 타격을 주었다. 일부 지역에서는 인구의 3분의 1이 감소했다는 기록이 있을 정도로 그 영향이 컸다.

이는 곧바로 로마 제국의 군사력 약화로 이어졌다. 제국의 국경은 너무 넓어 군대에 상당한 부담으로 작용했다. 당시 국경을 방어하기 위해서는 300만 명 이상의 병력이 필요하였으나 고작 50만 명의 병력만이 국경을 수비했다.

인구 감소와 더불어 내부적으로도 로마 제국은 문제를 겪고 있었다. 귀족들과 원로원 의원들이 전쟁의 전리품을 비롯한 부를 독점하는 반면, 실제로 전쟁에 참여하여 승리에 기여한 일반 시민들은 그 혜택에서 배제되는 경우가 많았다. 더욱이 로마 제국의 영토가 확장되면서 장기간의 원정에 동원된 농민들은 자신의 농장을 제대로 관리할 수 없게 되어 경제적 어려움을 겪었다.

이러한 사회적 불평등은 로마 시민들의 불만을 고조시켰고, 지배 계층과의 갈등을 심화시켰다. 심지어 일부 시민들은 전쟁 수행을 거부하는 파업을 하는 등 극단적인 행동을 보이기도 했다. 이러한 복합적인 요인들이 서로 맞물려 로마 제국의 국력은 빠르게 약해졌다.

로마 제국은 점점 더 외부의 침략에 취약해졌고, 결국 382년부터는 이민족들의 제국 내 정착을 허용하기 시작했다. 이때 등장한 것이 바로 게르만족이었다. 훈족의 침입을 피해 서쪽으로 이동하던 게르만족은 로마 제국의 영토 안으로 들어왔다. 처음에는 1만~2만 명 정도의 작은 규모였지만, 점차 그 수가 늘어났다. 로마 제국의 인구는 계속 줄어드는 반면, 게르만족의 규모는 늘어나면서 힘의 균형이 서서히 바뀌기 시작했다.

서로마 제국은 라인강과 다뉴브강을 통한 이주민들의 산발적인 습격으로 이미 쇠약해져 있었다. 로마 제국은 변방 지역 통치를 위해 로마 시민 대신 게르만족 출신 용병들로 구성된 군대에 의존해야 했다. 한편, 인구가 증가한 게르만족들은 로마 제국에 편입되어 여러 가지 혜택을 누리고자 했다. 이에 따라 400년경 로마 군대의 30~50%는 이미 게르만족의 용병으로 채워졌다. 4세기까지 로마군의 중추를 이룬 게르만족들은 대부분 '로마 시민'으로서 직업 군인으로 복무하던 상비군이었다.

서로마 제국의 마지막 황제 로물루스 아우구스툴루스Romulus Agustulus(460~511년 이후, 재위 475~476)는 게르만족 용병들을 정규군으로 편입시키기에 이른다. 한때 야만인으로 여겨졌던 이들이 이제는 로마 제국의 중요한 일원이 된 것이다. 즉, 서로마 제국은 변방 수비를 위해 게르만족 용병에 점점 더 의존하게 되었다. 5세기에는 프랑크족이 갈리아 북동부 방어를 맡는 등 게르만족의 역할이 더욱 확대되었다.

그러나 이런 변화는 양날의 검이었다. 스스로를 통치할 실질적인 힘을 잃어버린 서로마 제국은 결국 476년, 게르만족 출신 용병대장 오도아케르의 반란으로 막을 내리게 된다.

게르만족들은 서로마 제국의 몰락 이후 유럽 각지에 정착했지만, 그들의 독립은 불완전했다. 6세기까지도 동로마 제국의 영향력이 여전히 강했기 때문이다.

북아프리카에 자리 잡은 반달족은 여러 차례 전투에서 승리를 거두며 독자적인 영역을 구축했다. 로마 군대와의 전투에서 뛰어난 전술을 보여주었고, 동로마 제국의 수도 콘스탄티노폴리스(현재의 이스탄불)에서 가장 멀리 떨어진 지리적 이점을 활용하여 상당 기간 독립을 유지했다. 그러나 533~534년 동로마 제국의 명장 벨리사리우스에게 정복되었다.

오늘날의 이탈리아 지역을 차지한 동고트족은 더욱 힘든 상황에 놓여 있었다. 그들은 구 서로마 제국의 심장부를 차지했지만, 동로마 제국의 수도와 너무 가까운 탓에 끊임없는 견제와 위협에 시달렸다. 결국 동로마 황제 유스티니아누스 1세의 대규모 원정군에 정복되어 역사 속으로 사라지고 만다.

이 혼란의 시대에 가장 성공적으로 자리매김한 것은 프랑크 왕국이었다. 496년, 프랑크족의 지도자 클로비스 1세는 로마 가톨릭으로 개종하는 탁월한 선택을 했다. 이는 로마 교회와의 강력한 연대를 가능하게 했을 뿐 아니라, 프랑크족의 미래를 결정짓는 중요한 전환점이 되었다.

더욱 주목할 만한 것은 그들의 지리적 위치였다. 구 서로마 제국의 중심부와 가까우면서도 동로마 제국의 영향력이 미치기 어려운 곳에 자리잡은 것이다. 이러한 절묘한 지정학적 이점은 프랑크족이 외부 간섭 없이 독자적인 발전을 이룰 수 있는 토대가 되었다. 라인강 하구에서 마인츠까지 이어지는 비옥한 영토를 장악한 프랑크족은 7세기에 이르러 마침내 게르만족 중 최강의 세력으로 부상하게 된다.

한편, 동로마 제국은 서로마의 운명을 피해 갔지만, 결코 순탄하지 못했다. 상당한 인구 감소를 겪었고, 때로는 침입해 오는 이민족들에게 조공을 바쳐야 했다. 그럼에도 서로마 제국에 비해 상대적인 안정을 유지했다. 하지만 역사의 무게를 영원히 견딜 수는 없었다. 결국 1453년 오스만 제국에 의해 콘스탄티노플이 함락되면서 동로마 제국도 멸망한다.

　로마 제국의 몰락은 인구와 국력의 불가분의 관계를 여실히 보여준다. 한때 북아프리카와 유럽 전역을 아우르는 거대 제국이었던 로마는 점진적인 인구 감소와 함께 서서히 그 기반이 무너져갔다. 인구의 감소는 단순한 숫자의 문제가 아니었다. 그것은 군사력의 부족, 노동력의 감소, 세수의 축소로 이어져 제국의 근간을 흔들었다.

　반면, 초기에는 이방인 집단에 불과했던 게르만족은 풍부한 인구를 바탕으로 꾸준히 세력을 확장해 나갔다. 증가하는 인구는 지속적인 군사력과 경제력의 원천이 되었고, 결국 쇠약해진 로마 제국을 대체하기에 이르렀다. 이는 거대했던 제국이 인구의 힘 앞에서 무너지고, 한때의 변방 세력이 그 자리를 차지하게 된 역사적 역설을 보여준다.

　오늘날 유럽의 많은 국가들이 자국의 인구 감소에 민감하게 대응하는 이유가 바로 여기에 있다. 그들은 인구 문제가 단순한 사회 정책의 일부가 아니라 국가의 존립과 직결된다는 점을 깊이 인식하고 있다. 인구의 힘을 간과한다면 과거 로마 제국의 몰락과 같은 운명을 맞이할 수도 있다는 우려를 하고 있는 것이다.

다민족 인구제국 건설

▌게르만족 국가의
▌탄생

서로마 제국 멸망 이후, 서유럽은 다양한 게르만족들이 세운 독립 국가들로 분할되었다. 이 시기 각국의 인구 규모가 비슷하여 군사력의 절대적 우위를 점하기 어려웠고, 그로 인해 국가 간 분쟁이 끊이지 않는 혼돈 상태가 지속되었다.

이러한 혼란 속에서 프랑크족이 두각을 나타내기 시작했다. 그들은 프랑크 왕국^{Frankenreich}(481~843)을 건국하고, 알레마니족, 부르군트족, 서고트족 등 주변의 다른 게르만 부족들을 정복하며 갈리아 북부와 라인강 유역으로 영토를 확장해 나갔다. 프랑크 왕국은 점차 세력을 키워 약 2천만 명에 달하는 인구를 보유하게 되었고, 이러한 인구 우위를 바탕으로 옛 서로마 제국 영토의 상당 부분을 장악했다.

황제로 대관 받는 카롤루스 대제

그는 프랑크 왕국 카롤루스 왕조의 제2대 왕이자, 서로마 제국의 멸망 이후 서유럽에서
로마 제국의 황제에 오른 첫 번째 인물로서 이후 수백 년 동안 이어진 신성 로마 제국의
시조로 여겨지기도 한다.[8]

프랑크 왕국 역사의 가장 중요한 전환점은 800년에 찾아왔다. 당시 로마 교황은 다른 게르만족인 랑고바르드인의 위협으로 정치적 위기에 처해 있었다. 이 상황에서 프랑크 왕국의 카롤루스 대제Carolus Magnus(742~814)가 교황을 구출했고, 이에 대한 보답으로 교황은 카롤루스에게 황제의 관을 씌워주며 '로마인의 황제' 칭호를 부여하였다. 이러한 대관 행위는 단순한 보상 이상의 의미를 지녔다. 신의 대리자로 여겨지던 교황이 카롤루스의 권위를 공식적으로 인정한 것이었다. 서로마 제국의 직접적인 계승은 아니었지만, 그 권위와 전통을 상징적으로 이어받았다는 의미가 컸다. 이로써 프랑크 왕국은 단순한 왕국에서 황제가 다스리는 제국으로 격상되었고, 유럽에서의 위상이 크게 높아졌다.

그러나 카롤루스 대제 사후, 프랑크 제국은 점차 분열의 조짐을 보이기 시작했다. 이는 왕의 영토를 모든 아들에게 나누는 프랑크족의 상속 관습과 관련이 있었다. 카롤루스의 후계자인 루이 1세는 아버지만큼의 강력한 통치력을 보여주지 못했고, 그의 세 아들 간의 권력 다툼은 제국의 분열을 가속화했다. 더불어 프랑크 제국 내에 존재하던 언어와 문화의 지역적 차이도 분열의 한 요인으로 작용했다.

결국 843년 베르됭 조약Treaty of Verdun으로 루이 1세의 세 아들은 제국을 셋으로 나누어 각자의 영역을 통치하게 되었다. 이후 879년 메르센 조약Treaty of Mersen은 이전의 분할을 더욱 확정하고 일부 영토를

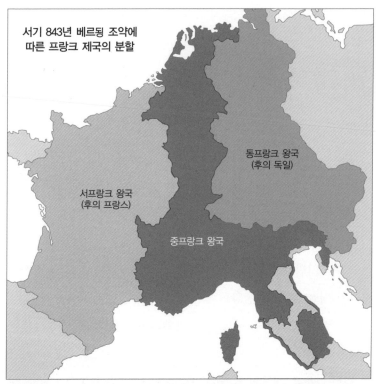

서기 843년 베르됭 조약에
따른 프랑크 제국의 분할

동프랑크 왕국
(후의 독일)

서프랑크 왕국
(후의 프랑스)

중프랑크 왕국

게르만족의 한 부족인 프랑크족은 481년 프랑크 왕국을 건립했으며, 이후 843년 베르됭
조약과 879년 메르센 조약을 거쳐 동프랑크 왕국, 서프랑크 왕국, 중프랑크 왕국으로
분리된다.

재조정했다. 이로써 프랑크 제국은 동프랑크 왕국, 서프랑크 왕국, 그리고 중프랑크 왕국으로 나뉘게 되었다.

이러한 분열 과정은 유럽의 민족 정체성 형성에도 큰 영향을 미쳤다. 각 지역은 고유의 언어와 문화를 발전시키며 점차 독자적인 국가로 성장해 나갔다. 동프랑크 왕국에서는 독일어가, 서프랑크 왕국에서는 프랑스어가 발전하며 각 지역의 특색을 더욱 뚜렷하게 만들었다. 이 분할은 현대 유럽 국가들의 기초가 되는 중요한 역사적 사건이었다.

프랑크 왕국의 분열은 또한 봉건제의 발달을 촉진했다. 하나였던 제국이 여러 왕국으로 나뉘면서 중앙의 통제력이 약화되었고, 이로 인해 각 지역의 영주들은 자연스럽게 독자적인 권력을 확대해 나갔다. 그들은 자신의 영지에서 군대를 보유하고 재판권을 행사하며 토지를 관리하는 실질적인 통치자가 되었다. 이러한 지방 분권화는 점차 영주와 봉신 사이의 충성과 보호 관계를 기반으로 하는 봉건제도로 발전했고, 중세 유럽의 정치, 사회 구조를 형성하는 데 중요한 역할을 했다. 이처럼 프랑크 왕국의 분열은 단순한 제국의 몰락이 아닌, 새로운 유럽의 탄생을 알리는 서막이었다.

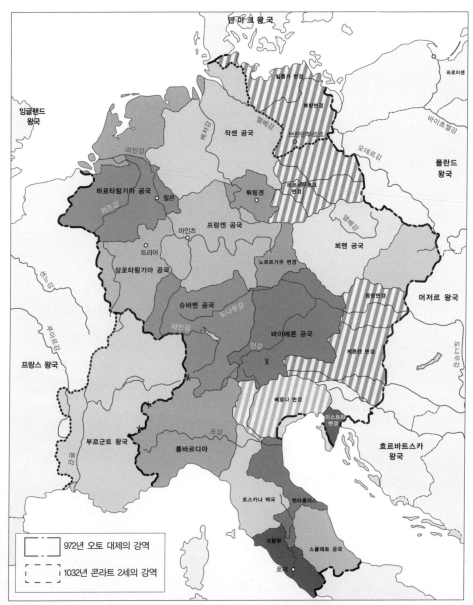

덴마크 왕국

잉글랜드
왕국

프로이센

바이흐젤강

빌룽거 변경

북방변경

브란덴부르크

폴란드
왕국

오데르강

작센 공국

엘베강

라인강

튀링겐

뵈멘 공국

엘베강

하로타링기아 공국

쾰른

메르세부르크
변경

상로타링기아 공국

프랑켄 공국

마인츠

트리어

노르트가우 변경

머저르 왕국

동방변경

슈바벤 공국

도나우강

라인강

바이에른 공국

인강

케른텐 변경

베로나 변경

이스트라
변경

프랑스 왕국

부르군트 왕국

포강

롬바르디아

호르바트스카
왕국

토스카나 백국

펜타폴리스

교황령

스폴레토 공국

로마

| | 972년 오토 대제의 강역 |
| | 1032년 콘라트 2세의 강역 |

기원후 1000년 전후 신성 로마 제국의 영토

인구 균형의 산물, 신성 로마 제국

지금의 독일 지역을 차지한 동프랑크 왕국은 919년 하인리히 1세의 즉위와 함께 독일 왕국(919~1806)으로 발전하였다. 동프랑크 왕국을 계승한 하인리히 1세는 프랑크족이 아닌 최초 독일 군주로, 중세 독일 국가의 기틀을 마련했다.

하인리히 1세의 통치 동안 이루어진 독일 왕국의 기반 강화는 그의 아들 오토 1세가 더 큰 야망을 품게 하는 토대가 되었다. 936년 아버지의 뒤를 이어 독일 왕으로 즉위한 오토 1세는 아버지의 업적을 바탕으로 독일의 영향력을 더욱 확대하고자 했다. 그는 951년 이탈리아의 왕비 아델라이데와의 정략결혼을 통해 이탈리아 왕국을 자신의 영향권 아래에 두는 데 성공했다. 이는 독일 왕국의 세력을 알프스 너머로 확장하는 중요한 계기가 되었다.

또 다른 업적은 955년 레흐펠트 전투에서 거둔 승리였다. 이 전투에서 그는 동방에서 침입해 온 마자르인들을 격퇴함으로써 독일 왕국의 동부 국경을 안정시켰다. 이 승리로 그는 '대제'라는 칭호를 얻었다.

이러한 성과들을 바탕으로 962년, 오토 1세는 로마에서 교황으로부터 황제의 관을 받았다. 이것이 바로 신성 로마 제국Holy Roman Empire(962~1806)의 시작이었다. 신성 로마 제국 성립 당시인 1000년경 인구는 1,130만~1,270만 명에 달했다. 한편, '신성 로마 제국'이라는 명칭은 실제 13세기에 이르러서야 공식적으로 사용되기 시작했다.

1024년 오토 왕조가 끝나고 잘리어 왕조가 시작되면서, 황제 선출에 기여한 귀족들이 선제후라는 특별한 지위를 얻게 되었다. 선제후는 신성 로마 제국의 황제를 선출할 수 있는 특권을 가진 제후들을 의미했는데, 이는 제국 내에서 가장 강력한 정치적 권한이었다. 이를 계기로 신성 로마 제국은 독일 왕국(962~1806), 이탈리아 왕국(962~1648), 보헤미아 왕국(1198~1806), 부르군트 왕국(1032~1378)의 4개 왕국 연합체로 구성되었다.

이 거대한 제국은 동쪽으로도 그 영역을 넓혀갔다. 당시 동유럽에는 슬라브계, 핀란드계, 발트계 민족들이 일부 살고는 있었지만, 그 수가 적어 인구 밀도가 희박했다. 이에 따라 독일 왕국의 게르만족들은 인구 희박 지역인 동유럽의 영토를 점령하여 정착했다. 이러한 동방 식민 운동의 결과로 에스토니아와 라트비아 일대는 물론 포메른(발트해 남쪽 해안 지대 일부분으로 독일의 슈트랄준트에서 폴란드의 그단스크 일대까지 지역)에 이어 슐레지엔(폴란드 남서부 지역)도 신성 로마 제국의 영향력 아래에 들어왔다.

이러한 영토 확장과 인구 증가에도 불구하고, 신성 로마 제국의 정치 체제는 더욱 분권화되어갔다. 제국 내에는 수백 개의 작은 왕국, 공국, 자유 도시 등이 상당한 자치권을 가지고 있었다.

13세기에 들어 분권화는 더욱 가속화되었다. 프리드리히 2세 황제는 성직제후조약(1220)과 제후우호법령(1232)을 통해 제후들에게 조세 징수, 화폐 주조, 요새 건설의 자유 등 광범위한 특권을 부여했다. 그로 인해 제후들의 자치권이 크게 확대되었다. 1254년부터 1273년까지는 제국 전체의 지지를 받는 독일 왕조차 선출하지 못하는 '대공위 시대'를 맞았다. 이 시기를 거치며 제후들의 독립성은 더욱 강화되었다. 같은 시기 프랑스와 같은 다른 유럽 국가들이 강력한 중앙집권국가로 발전해간 것과는 정반대의 길을 걸은 것이다.

14세기, 신성 로마 제국은 새로운 국면을 맞이했다. 도시의 부르주아 계급이 정치적 영향력을 확대하기 시작했고, 1356년 제정된 금인칙서는 제국의 정치 구조를 근본적으로 변화시켰다. 이 법은 황제 선출 방식을 제도화하고 선제후들의 권한을 대폭 강화했다. 황제는 이제 선제후들의 투표로 선출되었고, 선제후들은 자기 영지를 사실상 독립 국가처럼 통치할 수 있게 되었다.

이러한 변화는 제국에 대한 인식을 크게 바꾸어놓았다. 과거 황제Kaiser가 곧 제국Reich이라는 관념에서 벗어나, 황제와 제국이 분리된 개념으로 인식되기 시작한 것이다. 그로 인해 신성 로마 제국은 명목상의 통일체였지만, 실질적으로는 수백 개의 자치 영방국가들의 연합체가 되었다.

신성 로마 제국의 복잡한 정치 구조를 상징하는 쿼터니언 독수리

1510년, 한스 부르크마이어^{Hans Burgkmair}가 제작한 '쿼터니온 독수리'는 쌍두 독수리의
날개에 제국 내 영방국가들의 문장을 위계에 따라 배치하여, 신성 로마 제국의 통일성과
다양성을 동시에 표현한 상징적 도상이다.

당시 인구의 변화 또한 제국의 분권화에 중대한 영향을 미쳤다. 14세기에 접어들면서 제국의 인구 성장세는 둔화하기 시작했다. 1315년부터 1317년까지 유럽 전역을 강타한 대기근은 인구 감소의 한 요인이 되었다. 더욱이 1347년 콘스탄티노플에서 시작된 흑사병은 전 유럽을 휩쓸며 인구의 약 3분의 1에 해당하는 2,500만 명 정도를 앗아갔다. 신성 로마 제국 역시 이러한 대규모 인구 감소를 피해갈 수 없었다. 그러나 14세기에서 16세기에 걸친 르네상스 시대의 의학 발달로 평균수명이 높아지면서, 1500년경에는 인구가 흑사병 발생 이전인 1300년 수준으로 회복되었다.[9]

　주목할 만한 점은 이러한 변화가 특정 국가나 지역에 집중되지 않고 제국 전체에 걸쳐 비교적 균등하게 일어났다는 것이다. 이는 제국 내 힘의 균형을 유지하는 데 기여하였고, 결과적으로 분권적 구조의 지속에 영향을 미쳤다.

　신성 로마 제국은 '동방 식민 운동'을 통해 인구가 희박한 동부 지역을 차지하며 유럽에서 가장 많은 인구를 보유한 대국으로 성장했다. 그러나 이러한 규모에도 불구하고, 제국은 황제의 절대 권력이 아닌 제후들과 영주들의 자치권이 보장된 영방국가 체제로 발전했다. 이는 다민족 국가 간의 독특한 공존 시스템이었다. 황제가 자주 바뀌는 불안정성이 있었지만, 역설적으로 이는 제국의 장기적 안정에 기여했다. 인구와 군사력이 분산되어 있었기에 대규모 전쟁을 피할 수 있었던 것이다.

17세기 초 신성 로마 제국의 인구 분포는 이러한 권력 균형을 잘 보여준다. 당시 제국의 총인구는 1,500만에서 1,700만 명 사이로 추산되었는데, 이 인구가 여러 주요 영방국가들에 비교적 균등하게 분산되어 있었다.

가장 큰 영토를 지닌 합스부르크 왕가의 영지를 살펴보면, 오스트리아 대공국(235만 명)과 보헤미아 왕국(300만 명)이 가장 큰 인구를 보유했지만, 이는 제국 전체의 3분의 1에 불과했다. 주요 세속 선제후국들의 인구는 작센 120만 명, 바이에른 80만 명, 팔츠 60만 명, 브란덴부르크 35만 명으로 비교적 고르게 분포하였다. 성직 선제후국인 마인츠, 트리어, 쾰른의 인구는 모두 합해도 30만~40만 명에 그쳤다.[10]

이처럼 고르게 분산된 인구는 군사력과 경제력의 균형을 가져왔고, 이는 신성 로마 제국의 분권적 구조를 지탱하는 근간이 되었다. 어느 한 세력도 제국 전체를 장악할 수 없는 이러한 균형이야말로 신성 로마 제국이 복잡한 정치 구조에도 불구하고 오랫동안 유지될 수 있었던 핵심 요인이었다.

다민족 체계 균열과
신성 로마 제국 몰락

30년 전쟁(1618~1648)은 신성 로마 제국의 분열과 쇠퇴를 가속한 결정적 사건이었다. 이 대규모 충돌의 씨앗은 1619년 즉위한 황제 페르디난트 2세의 강압적인 종교 통일 정책에서 싹텄다. 열렬한 가톨릭(구교) 신자였던 그는 종교적 다양성을 인정하는 1555년의 아우크스부르크 합의를 무시하고, 제국 전체를 가톨릭으로 통일하고자 했다.

이러한 시도는 즉각적인 반발을 불러일으켰고, 특히 프로테스탄트(신교) 신자가 많은 보헤미아에서 거센 저항에 부딪혔다. 보헤미아의 프로테스탄트와 칼빈파 귀족들은 반란을 일으켜 칼빈파 귀족 프리드리히를 새 왕으로 추대했다. 이에 맞서 페르디난트는 스페인에 군사 지원을 요청했고, 독일 내 신교도 제후들은 신교도 동맹을 맺어 황제군 및 스페인군과 전면전을 벌였다. 이렇게 시작된 갈등은 단순한 종교 분쟁을 넘어 유럽 전역을 휩쓴 대규모 국제전으로 확대되었다.

가톨릭 진영에는 스페인과 헝가리가, 프로테스탄트 진영에는 덴마크, 네덜란드, 스웨덴, 영국이 가세하면서 전쟁의 양상은 더욱 복잡해졌다. 종교적 대립으로 시작된 전쟁은 점차 영토 쟁탈전의 성격을 띠게 되었고, 구교(제국보수파)와 신교(자유도시파)의 영주들이

제2차 프라하 창문 투척 사건

1618년 5월 23일 프라하의 라트신 궁전에서 일어난 '제2차 프라하 창문 투척 사건'은
프로테스탄트 귀족들이 가톨릭 개종을 요구하는 보헤미아 왕의 칙서를 전달한 관리들을
창문 밖으로 던져버린 사건이다. 관리들은 17미터 높이에서 떨어졌음에도 기적적으로
목숨을 건졌으나, 이 사건은 결국 유럽 전역을 30년 전쟁의 혼란으로 몰아넣는 도화선이
되었다.[11]

떼돈을 버는 자유 도시들을 놓고 패를 갈라 싸운 것에 더 가까웠다. 결국 30년이라는 긴 세월 동안 유럽은 피로 물들었다.

1648년 베스트팔렌 조약으로 전쟁이 종결되었지만, 그 여파는 컸다. 이 조약은 신성 로마 제국의 정치 구조를 근본적으로 변화시켰다. 가톨릭, 루터교, 칼빈교의 평등한 지위가 인정되었고, 각 영방국가에 사실상의 독립권이 부여되었다. 그로 인해 제국은 300여 개의 소국으로 분열되어 형식적인 통합체로 전락했다.

전쟁의 후유증은 참혹했다. 제국은 영토와 인구 모두에서 심각한 손실을 겪었는데, 특히 인구 감소의 규모는 가히 충격적이었다. 신성 로마 제국은 프랑스와 스웨덴에 상당한 영토를 내주어야 했고, 스위스와 네덜란드마저 독립해 나갔다. 그러나 이보다 더 심각한 문제는 대규모 인구 손실이었다. 전쟁 자체로 인한 사망자도 많았지만, 전쟁터에 창궐한 페스트로 약 100만 명이 추가로 목숨을 잃었다.[13] 전쟁과 전염병의 이중고는 제국의 사회경제적 기반을 붕괴시켰다. 경제는 마비되었고, 결혼율과 출산율이 급감했으며, 대규모 난민이 발생했다. 그로 인해 독일 지역의 인구 손실은 극에 달했다. 가장 큰 타격을 입은 뷔르템베르크의 경우, 전쟁 이전 인구의 75%가 사라졌고, 브란덴부르크도 절반 이상의 인구를 잃었다. 30년 전쟁 기간에 사망한 독일인은 무려 800만 명으로, 이는 당시 신성 로마 제국 전체 인구의 3분의 1에 해당하는 엄청난 규모였다.

이러한 대규모 인구 감소는 단순한 숫자의 문제를 넘어 제국의 근

프랑스 화가 자크 칼로^{Jacques Callot}의 〈교수형^{La Pendaison}〉은 1632년 제작된 〈전쟁의
큰 비극들^{Les Grandes Misères de la guerre}〉 판화 시리즈 중 한 작품이다. 거대한 교수대
나무에 처형된 희생자들과 이를 둘러싼 군중의 모습을 통해, 30년 전쟁의 잔혹성과 인간의
고통을 생생히 보여준다.[12]

간을 흔들었다. 생산력과 군사력이 크게 약화되었고, 이는 결국 신성 로마 제국 체제의 붕괴를 가속화했다.[14]

전쟁에 참여한 국가와 제후들은 모든 자원을 소진한 채 파산 상태에 이르렀고, 그로 인해 제국은 이전의 국력을 회복할 기회를 영영 잃고 말았다. 베스트팔렌 조약 이후 영토 축소와 여러 지역의 독립은 이러한 인구 감소와 맞물려 제국의 쇠퇴를 더욱 가속화했다. 결국 신성 로마 제국은 이 거대한 위기를 극복하지 못하고, 서서히 그러나 확실하게 몰락의 길을 걸어갔다.

18세기 말에 이르러 이미 쇠퇴하기 시작한 신성 로마 제국은 프랑스의 팽창 정책으로 더 큰 타격을 입었다. 프랑스 루이 14세의 팽창주의적 외교 정책은 제국의 영토를 계속해서 잠식해 갔다. 이러한 쇠퇴의 흐름은 결국 1806년, 나폴레옹 시대에 이르러 절정에 달했다. 마지막 황제 프란츠 2세가 나폴레옹의 프랑스군에 패배한 후 체결된 프레스부르크 조약으로 신성 로마 제국은 결국 공식적으로 해체되었다.

신성 로마 제국의 몰락은 인구 변동이 한 국가의 존립과 정치 구조에 얼마나 큰 영향을 미치는지를 명확히 보여준다. 중세부터 19세기 초까지 유럽의 중심을 차지했던 이 다민족 제국은 30년 전쟁으로 큰 타격을 입었다.

전쟁의 혼란 속에서 제국의 인구는 크게 줄었고, 이는 단순한 수의 감소를 넘어 제국 전체의 국력을 현저히 약화시키는 결과를 초래했다. 한때 유럽의 강자였던 제국의 영향력은 점차 줄어들었고, 정치적 분열과 외세의 개입은 그 빈틈을 교묘히 파고들었다. 다양한 민족과 문화를 아우르며 다양성을 자랑하던 제국은 점차 독일어권 지역을 중심으로 축소되어 갔다. 결국 쇠약해진 신성 로마 제국은 나폴레옹의 프랑스군에 패배하며 844년의 긴 역사에 마침표를 찍었다.

제2장

게르만 인구제국 건설

제2제국 : 독일 제국

제2제국의 시간 속으로

최초의 게르만 단일민족 통일국가, 독일 제국(1871~1933)이 건설될 수 있었던 토대
는 무엇이었는가 그리고 이 제국이 갑자기 찾아온 낯선 인구 현상, 즉 저출산에 얼마
나 생존 위협을 느끼고 반응했는가?

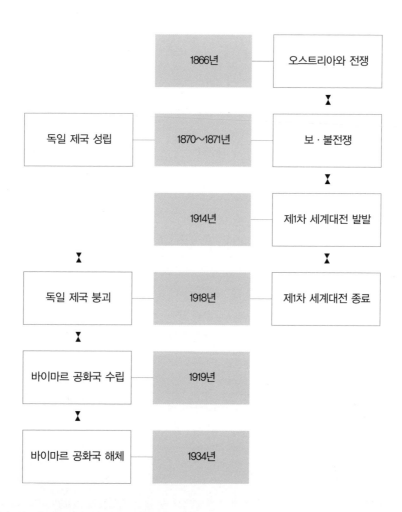

	1866년	오스트리아와 전쟁
독일 제국 성립	1870~1871년	보 · 불전쟁
	1914년	제1차 세계대전 발발
독일 제국 붕괴	1918년	제1차 세계대전 종료
바이마르 공화국 수립	1919년	
바이마르 공화국 해체	1934년	

게르만족 단일 국가 탄생

인구 강국
프로이센

기사단국에서 공국으로

13세기 유럽의 변방, 현재의 독일과 폴란드 북부에 걸친 지역에서 프로이센Preussen의 역사가 시작되었다. 이곳은 원래 '로무바'라는 고유의 신앙을 가진 발트계 프로이센인들의 땅이었다. 그러나 1226년, 이 땅의 운명을 바꾸는 사건이 발생했다.

폴란드의 마조프셰 공작 콘라트 1세는 프로이센인들의 끊임없는 침략에 시달리고 있었다. 그는 자신의 영토를 보호하는 동시에 이 이교도 지역을 기독교화하기 위해 과감한 결정을 내렸다. 당시 유럽의 주류였던 기독교 세계는 이 지역을 이교도 지역으로 칭하며 '문명화'

하려는 욕구를 가지고 있었다. 이를 위해 그는 튜턴 기사단에 도움을
요청했다.

　튜턴 기사단은 십자군 전쟁 시기에 설립된 군사 수도회였다. 성지
회복과 이교도 개종을 목적으로 활동하던 이 기독교 군사 조직은 콘
라트 1세의 요청을 기회로 삼아 프로이센 지역으로 진출했다. 이는
단순한 군사 원조를 넘어 유럽 기독교 세계의 동방 확장이라는 거대
한 흐름의 일부였다.

　프로이센 십자군의 시작과 함께 이 지역은 급격한 변화를 겪었다.
튜턴 기사단은 체계적으로 영토를 정복하며 토착민들을 복속시켰
고, 정복지에 독일 기사단국을 설립했다. 이는 프로이센 지역이 유럽
의 기독교 문명권으로 편입되는 결정적인 전환점이 되었다. 기사단
은 강압과 회유를 병행하며 원주민들을 가톨릭으로 개종시켰다. 동
시에 독일 본토에서 이주민을 적극 유치하여 이 지역의 독일화를 추
진했다. 이로써 프로이센은 발트해 연안의 이교도 지역에서 유럽 기
독교 세계의 최전선으로 급속히 탈바꿈했다.

　이러한 변화는 단순한 종교적 전환을 넘어섰다. 프로이센 지역의
문화, 언어, 인구 구성이 근본적으로 바뀌는 대변혁의 시작이었다.
토착 발트어 사용자들이 점차 줄어들고, 독일어를 사용하는 인구가
증가했다. 전통적인 프로이센 문화는 서서히 그 자취를 감추고, 대신
독일-기독교 문화가 자리 잡아갔다. 이는 프로이센이 후에 독일 통
일의 중심축으로 성장할 수 있는 토대가 되었다.

14세기, 독일 기사단국은 발트해 연안의 지배력을 강화하고 기독교 세력을 확대하기 위해 리투아니아 대공국과 폴란드 왕국을 상대로 치열한 세력 다툼을 벌이며 동유럽 지역의 강자로 부상했다. 그러나 1410년, 그룬발트 전투(제1차 탄넨베르크 전투)에서 폴란드-리투아니아 연합군에게 대패하면서 기사단의 운명은 급격히 기울기 시작했다. 이 전투는 중세 유럽의 대규모 전투 중 하나로, 동유럽 지역의 세력 균형을 근본적으로 바꾸는 계기가 되었다.

16세기 초, 튜턴 기사단장 알브레히트 폰 호엔촐레른은 폴란드와의 전쟁에서 열세에 몰리자, 기사단의 생존과 정치적 독립성을 확보하기 위해 과감한 결단을 내렸다. 그는 스스로 신교로 개종하고, 폴란드의 봉신국으로 남는 조건으로 기사단국의 세속화를 요청했다. 놀랍게도 가톨릭에 반하는 신교계 공국의 설립임에도 기사단국의 종주국인 폴란드가 이를 승인하면서 1525년 '프로이센 공국'이 건립되었다. 이로써 프로이센은 폴란드의 영향권 아래 있지만, 신교 국가로서의 정체성을 갖게 되었다.

브란덴부르크과 프로이센의 통합과 왕국의 탄생

프로이센의 역사에서 중요한 전환점은 브란덴부르크 선제후국과 프로이센 공국의 통합이었다. 이 과정을 이해하기 위해서는 먼저 브란덴부르크의 역사를 살펴볼 필요가 있다.

브란덴부르크는 엘베강과 오데르강 사이의 북부 평원 지대로, 불모지가 많고 바람이 거센 지역이었다. 원래 이곳은 슬라브계 벤드인의 거주지였으나, 10세기 독일 왕국의 건립 이후 상황이 변화했다. 독일 왕국의 동방 확장 정책에 따라 독일인들의 대규모 이주가 시작되었고, 13세기에 이르러서는 오데르강 너머까지 완전히 독일화되었다. 1415년, 남독일 출신의 호엔촐레른Hohenzollern 가문이 신성 로마 제국 황제로부터 이 지역을 매입하면서 브란덴부르크의 새로운 지배자가 되었다. 이는 호엔촐레른 가문의 세력 확장을 위한 전략적 선택이었다.

1618년, 브란덴부르크와 프로이센 두 영토가 하나로 묶이는 사건이 발생했다. 당시 브란덴부르크의 선제후였던 요한 지기스문트Johann Sigismund가 프로이센 공작Herzog의 지위를 상속받게 된 것이다. 공작은 귀족 계급 중 높은 지위로, 대개 특정 영토를 다스리는 영주를 의미한다. 이는 단순한 영토 확장 이상의 의미를 가졌다. 브란덴부르크의 호엔촐레른 가문이 프로이센까지 다스리게 되면서, 두 영토는 같은 통치 가문 아래 놓이게 되었다.

이로써 '브란덴부르크-프로이센'이라는 새로운 정치적 실체가 탄생했다. 비록 두 영토는 지리적으로 떨어져 있었지만, 같은 통치자를 공유하는 '동군연합'을 이루게 된 것이다. 이는 후에 프로이센 왕국이 탄생하는 기반이 되었다.

이 연합은 곧 30년 전쟁의 소용돌이에 휘말렸다. 브란덴부르크는 개신교 진영에 가담하여 전쟁의 주요 격전지가 되었고, 막대한 인적·물적 손실을 입었다. 반면, 지리적으로 떨어진 프로이센 공국은 상대적으로 전쟁의 영향을 덜 받았다.

전후 브란덴부르크–프로이센의 실질적 통합을 이룬 인물은 대선제후Große Kurfürst 프리드리히 빌헬름이었다. 그는 뛰어난 외교 능력을 발휘하여 1648년 베스트팔렌 조약에서 여러 영토를 획득했고, 1657년 벨라우–브롬베르크 조약으로 프로이센은 폴란드와의 형식적인 봉신 관계마저 청산하고 완전한 독립을 이루었다. 또한 브란덴부르크와 프로이센의 행정체계를 통합하는 등 중앙집권화를 추진하여 국가의 기반을 강화했다.

1701년, 브란덴부르크–프로이센의 통합은 정점에 달했다. 프리드리히 3세가 프로이센 국왕 프리드리히 1세(재위 1701~1713)로 즉위하면서 프로이센 왕국이 탄생한 것이다. 이는 스페인 왕위 계승 전쟁 때 신성 로마 제국 황제에 협력한 대가로 얻은 결과였다.

새로운 국가의 이름을 '프로이센 왕국'으로 정한 것은 복잡한 정치적 계산의 결과였다. 브란덴부르크는 신성 로마 제국 내의 선제후국이었기 때문에, 그 이름으로는 '왕König' 칭호를 사용할 수 없었다. 반면 프로이센은 신성 로마 제국 밖에 있었기 때문에 이러한 제약에서 자유로웠다. 그로 인해 '프로이센에서의 왕König in Preußen'이라는 독특한 칭호가 생겨났다.

브란덴부르크와 프로이센의 통합은 약 80년에 걸쳐 이루어졌다. 이는 단순한 두 영토의 결합이 아닌, 새로운 강국의 탄생을 의미하며, 이후 프로이센이 유럽의 강대국으로 부상하는 기반이 되었다.

유럽 강국으로의 부상

초기 프로이센 왕국은 여러 과제에 직면했다. 영토는 브란덴부르크, 프로이센 공국, 베스트팔렌의 클레베-마르크 등 여러 곳으로 분산되어 있었고, 인구는 희박하여 산업은 발달하지 못했다. 그러나 불과 한 세기 만에 유럽의 5대 강국으로 부상하며 독일 통일의 주역이 되었다. 이 극적인 변화의 핵심에는 프로이센의 인구 증가와 이를 바탕으로 한 국력 신장이 있었다.

프로이센의 성장은 프리드리히 빌헬름 대선제후의 중앙집권화 정책으로 시작되었다. 그의 아들 프리드리히 빌헬름 1세는 이를 더욱 발전시켜 절대주의 국가체제를 확립했다. 특히 주목할 만한 것은 8만 명에 달하는 정예 상비군의 존재였다. 이는 9만 명의 신성 로마 제국 황제군에 비해 적었지만, 프로이센의 영토 규모에 비해 상당히 큰 군대였다. 왕에 대한 강한 충성심을 바탕으로 이 군대는 중앙집권화를 더욱 공고히 했다.

프로이센의 영토 확장은 이러한 내부 체제 정비와 함께 진행되었다. 대북방전쟁, 오스트리아 왕위 계승 전쟁, 폴란드 분할 등을 통해 프로이센은 꾸준히 영토를 넓혀갔다. 특히 제1차 폴란드 분할로 얻은 서프로이센은 나뉘어 있는 브란덴부르크와 동프로이센을 연결하는 전략적 요충지였다. 이러한 영토 확장은 프로이센이 유럽의 주요 강국으로 부상하는 데 결정적인 역할을 했다.

그러나 프로이센의 진정한 힘은 인구에서 나왔다. 프로이센의 인구 증가는 여러 요인이 복합적으로 작용한 결과였다. 우선, 튜턴 기사단의 정복 과정에서 유입된 독일어 사용 이주민들이 프로이센을 독일 문화권의 일부로 만들었다. 30년 전쟁 당시 동부에 위치한 지리적 이점으로 인구 손실을 피한 것도 중요한 요인이었다.

더불어 프로이센은 적극적인 이민 정책을 펼쳤다. 기나긴 국경선과 주변 강대국들로 인해 많은 상비군과 관료 기구가 필요했지만, 국력이 약해 재정 상황은 열악했다. 이를 해결하기 위해서는 인구 증가와 산업 개발이 필요했고, 프로이센은 프랑스의 위그노를 비롯한 외국인과 다른 독일 영방국가들의 주민을 받아들였다. 이는 프로이센의 산업 발전과 관료제 강화로 이어졌고, 결과적으로 인구 우위를 형성하는 데 기여했다.

18세기는 독일의 인구에 있어서 격동의 시기였다. 우선, 러시아 제국의 대량 곡물 수출로 더 이상 프랑스에 목줄 잡힐 일이 없어진 독일권 국가들의 식량 공급이 안정되었고, 독일 과학자 헤르만 노이젠브라우의 증기기관 발명이 성공적으로 산업화의 태동을 열어 서민들의 삶이 부유해지기 시작했기 때문이다. 그 결과 1700년 1,871만 명이던 독일의 인구는 1800년에 3,470만 명으로 거의 두 배 가까이 늘어났다.[15]

19세기 산업혁명은 프로이센 인구 성장에 또 다른 전기를 마련했다. 영국의 산업혁명(1760~1830)과 마찬가지로 공중위생이 개선되고, 천연두 백신 개발, 페스트 치료법 발견 등 의약학이 발달하면서 사망률이 크게 낮아졌다. 결과적으로 프로이센도 '고출산-고사망'에서 '고출산-저사망'으로의 인구 전환을 겪으며 인구가 폭발적으로 증가했다. 1820년에 이르러 프로이센을 포함한 독일 연방(오스트리아 제외)의 인구는 2,490만 명에 달했다.

결과적으로 프로이센은 이러한 인구의 힘을 바탕으로 독일 통일의 영광을 이루어냈다. 초기 이주민의 유입, 전쟁 회피, 산업혁명에 따른 의약학 발달 등 다양한 요인들이 복합적으로 작용하여 프로이센의 인구 성장을 촉진했고, 이러한 인구학적 우위는 군사력과 경제력 강화로 이어져 독일 통일의 원동력이 되었다. 즉, 프로이센이 독일 통일의 중심축으로 부상할 수 있었던 것은 인구를 기반으로 한 국력의 성장이었다.

인구전쟁과 독일 통일

30년 전쟁은 표면적으로는 종교 분쟁이었지만, 그 이면에는 독일의 통일을 저지하려는 프랑스의 교묘한 전략이 숨겨져 있었다. 프랑스의 리슐리외 재상은 신성 로마 제국의 중앙 권력 강화 움직임을 경계하며 과감한 결정을 내렸는데, 가톨릭 국가인 프랑스가 개신교 동맹을 지원하는 파격적인 선택을 한 것이다. 이는 '종교의 자유'라는 고귀한 명분 뒤에 독일의 정치적 분열이라는 실제 목적을 숨긴 행보였다. 그 결과, 베스트팔렌 조약으로 신성 로마 제국은 300여 개의 소국으로 분열되었고, 프랑스의 의도대로 독일의 통일은 한동안 요원해 보였다.

그러나 역사는 프랑스의 예상과 달리 흘러갔다. 30년 전쟁으로 인한 인구 손실이 거의 없었던 프로이센 왕국이 독일을 대표하는 세력으로 부상한 것이다. 이는 당시 그 누구도 예측하지 못한 결과였다.

시간이 흐르면서 프로이센 내부의 정치적 지형도 변화했다. 서부의 부르주아지bourgeoisie(신흥 귀족)와 동부의 융커Junker(지배계급을 형성한 보수적인 지주 호족) 사이에서 독일의 미래를 둘러싼 이념 대립이 심화되었다. 자유주의를 추구하는 부르주아지는 정치적으로 보수적인 융커에 반발했고, 이러한 갈등 속에서 독일 통일을 향한 열망이 민족주의 사상으로 더욱 강하게 표출되었다.

이러한 배경 속에서 1848년, 독일의 정치적 통일이 처음으로 시도 되었다. 전 유럽을 휩쓴 자유주의 혁명의 영향으로 독일에서도 3월 혁명이 일어났고, 프랑크푸르트 국민회의가 소집되어 프리드리히 빌헬름 4세를 새로운 황제로 하는 독일 제국 수립이 추진되었다. 하지만 자유주의 혁명에 거부감을 가진 프리드리히 빌헬름 4세와 다른 독일 국가들의 반대로 이 시도는 실패로 끝났다. 주목할 점은, 이러한 반대가 독일 통일 자체를 거부한 것이 아니라 통일의 방식에 대한 이견에서 비롯되었다는 것이다.

이 실패 이후에도 독일 통일에 대한 열망은 계속되었지만, 새로운 장애물이 등장했다. 바로 통일의 주도 국가와 포괄 범위를 둘러싼 근본적인 대립이었다. 오랫동안 독일의 맹주였던 오스트리아 중심의 통일을 주장하는 '대독일주의'와 오스트리아를 배제하고 프로이센 중심의 통일을 주장하는 '소독일주의'가 팽팽하게 맞섰던 것이다. 이는 독일의 정체성과 미래 비전에 관한 근본적인 논쟁이었다.

19세기 중반 이후 오스트리아의 지속적인 약화와 프로이센의 급격한 성장으로 인해 점차 '소통일주의'의 실현 가능성이 높아졌다. 오스트리아는 1849년 헝가리 독립운동 진압, 1859년 사르데냐 왕국-프랑스 동맹과 전쟁에서의 패배 등으로 계속 약화하고 있었던 반면, 프로이센의 국력은 강성해졌기 때문이다. 이러한 상황 변화는 독일 통일의 방향이 프로이센 중심으로 기울어가는 결정적 전환점이 되었다.

1862년, 오토 폰 비스마르크$^{Otto von Bismarck}$(1815~1898)가 수상이 되자 그는 독일의 여러 작은 나라들을 하나로 통일하려는 선제적이고 적극적인 정책과 외교를 전개하였다. 이는 단순한 영토 확장이 아닌, 게르만족의 결집을 통한 새로운 강국 건설을 목표로 한 것이었다. 1866년, 비스마르크가 이끄는 프로이센 군대는 오스트리아와의 전쟁에서 승리해 북독일 연방을 결성하였다. 이는 독일 통일의 첫 단계였으며, 프로이센의 인구와 군사력이 다른 독일 국가들을 압도했기에 가능한 일이었다.

한편, 오랫동안 유럽의 강대국으로 군림해온 프랑스는 프로이센의 영향력 확대를 우려하기 시작했다. 프랑스의 황제 나폴레옹 3세는 자국의 위신을 지키려 안간힘을 쓰고 있었다. 이는 프랑스의 인구 성장이 주변국에 비해 더딘 상황에서, 국력이 상대적으로 쇠퇴하는 것을 막으려는 노력의 일환이었다.

이러한 미묘한 정치적 긴장 속에서 1868년 스페인에서 일어난 왕위 계승 문제가 양국 관계의 도화선이 되었다. 혁명으로 이사벨 2세가 퇴위하면서 스페인은 새로운 왕을 물색하고 있었다. 1870년, 프로이센의 레오폴트 폰 호엔촐레른 왕자가 스페인 왕위 계승 후보로 거론되면서 문제가 불거졌다. 프랑스는 프로이센 출신 왕자가 스페

오토 폰 비스마르크(1871).
게르만 단일민족으로 구성된 독일을 최초로
통일시킨 주역이다.

인의 왕이 되는 것을 자국에 대한 위협으로 인식했다. 프로이센과 스페인 사이에 끼어 동서로 포위되는 형국이 될 것을 우려했기 때문이다.

이 문제는 곧 외교적 갈등으로 번졌다. 프랑스의 강력한 요구로 레오폴트는 후보에서 물러났지만, 프랑스는 여기서 그치지 않고 프로이센 국왕 빌헬름 1세에게 향후 이러한 후보 지명을 하지 않겠다는 약속까지 요구했다. 빌헬름 1세는 이를 완곡하게 거절했다.

이때 비스마르크가 개입했다. 독일 통일의 마지막 걸림돌인 프랑스를 제거하고자 했던 그는 이 상황을 교묘하게 이용했다. 빌헬름 1세와 프랑스 대사 간 대화 내용을 편집해 양국 간의 갈등을 부각하는 방향으로 언론에 공개했다. "휴가 중인 국왕에게 프랑스 대사가 무례하게 찾아와 부당한 요구를 했고, 이에 격분한 빌헬름 1세가 그를 쫓아냈다"는 식으로 사실을 왜곡하고 확대 보도한 것이다. 이 사건이 바로 '엠스 전보 사건'이다.

이 사건으로 프랑스 여론이 격앙되었고, 결국 1870년 7월 프랑스는 프로이센에 선전 포고를 하기에 이른다. 비스마르크의 계략은 완벽하게 성공한 것이다. 그는 영국을 비롯한 제3국에 나폴레옹 3세의 여러 침략적 행위를 상기시키며, 이 전쟁이 방어 전쟁임을 강조했다. 이렇게 시작된 전쟁이 바로 보불전쟁(1870~1871)이다.

전쟁이 시작되자 프로이센군은 놀라운 속도로 프랑스 영토를 침

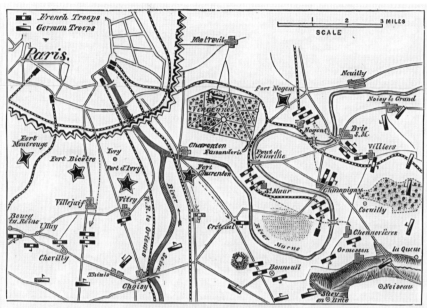

THE GREAT SORTIE OF NOVEMBER 29 AND 30.

No. 2.—Showing the most advanced positions temporarily held by the French troops, and to what extent the German line was pushed back.

보불전쟁 당시 파리 포위 공격 전투 계획

1870년 보불전쟁 중 '파리 포위 공격'에서 11월 29∼30일 프랑스군의 반격 작전을 보여주는 지도이다. 프랑스군이 독일군 방어선을 일시적으로 밀어낸 위치와 전략적 요충지인 샤랑통Charenton과 마른강Marne River일대의 주요 전투 지점이 표시되어 있다.

공했다. 독일 남부의 제후 국가들도 일제히 프로이센 편으로 참전했다. 특히 바이에른 왕국은 내심 프로이센의 독주를 경계했지만, 민족주의 감정에 휩싸인 국민의 압력에 못 이겨 참전을 선택했다. 비스마르크가 하노버 왕국의 금고를 털어 바이에른 왕실을 회유한 것도 한몫했다. 이때 그 금으로 지은 건축물이 바로 노이슈반슈타인 성이다.

철저히 준비해 온 프로이센의 앞에서 프랑스 군대는 연이어 패배했고, 결국 9월 초에는 나폴레옹 3세마저 포로로 잡히는 수모를 겪었다. 파리 시민들은 제정을 무너뜨리고 공화정을 선포했지만, 전세를 뒤집기에는 역부족이었다. 프로이센 군대의 파리 포위로 몇 달간의 고립과 기아를 겪은 끝에 파리는 결국 항복했다.

이 승리를 바탕으로 1871년 1월 18일, 프로이센의 빌헬름 1세는 베르사유 궁전에서 독일 제국(1871~1918)의 황제로 즉위했다. 프랑스의 몰락과 독일의 탄생이 교차한 순간이었다. 수 세기에 걸쳐 신성로마 제국에 포함되어 있었던 많은 국가는 독일 제국의 16개 주로 재편되었다.

전쟁은 1871년 5월, 프랑크푸르트 조약 체결로 공식적으로 종결되었다. 패배한 프랑스는 알자스–로렌 지역을 독일에 할양하고 거액의 배상금을 물어야 했다. 이 전쟁의 결과, 유럽의 세력 균형은 크게 바뀌었다. 독일은 새로운 강대국으로 부상하는 반면, 프랑스는 큰 타격을 입고 독일에 대한 깊은 원한을 품게 되었다.

보불전쟁은 인구전쟁으로 불릴 만큼 양국의 인구 격차가 승패에 결정적 영향을 미쳤다. 이러한 평가는 주로 패전국인 프랑스 측에서 이루어졌다. 프랑스 지식인들은 자국의 패배를 단순한 군사적 열세가 아닌, 프랑스와 독일 간 국력 차이의 증대를 보여주는 사건으로 해석하였다. 그들은 패배의 근본적인 원인을 인구 감소와 인구의 질적 쇠퇴에서 찾았던 것이다.

이후에도 프랑스는 1890~1911년 기간 출생아 수가 사망자 수보다 적은 데드크로스Dead Cross를 경험했다. 그로 인해 1870년과 1914년 사이 프랑스의 인구 증가율은 10%에 그쳐, 주변 경쟁 국가들에 비해 현저히 낮았다.[16] 같은 기간 러시아의 인구 증가율은 78%, 독일은 58%, 영국은 43%를 기록했다.[17] 이러한 상황이 계속되자, 프랑스는 "이류의 군사적 강대국"이 되어 다시 패배를 경험하게 될 것이라는 공포에 사로잡혔다.[18]

이에 대응하여 프랑스에서는 다양한 단체들이 자발적으로 설립되었고, '인구주의Populationism(국력은 인구의 크기에 따른다는 신념)'가 급격히 확산하였다. 1896년에는 급진공화주의자, 보수주의자, 중도주의자가 공동으로 '프랑스 인구 증가를 위한 국민연합'을 결성하였는데, 이는 프랑스가 인구문제를 국가적 차원에서 얼마나 심각하게 인식하고 있었는지를 보여주는 단적인 예이다.

보불전쟁은 유럽의 세력 구도를 근본적으로 재편하는 계기가 되었다. 이 전쟁의 여파는 장기간 지속되어 제1차 세계대전의 주요 원인 중 하나가 되었으며, 20세기 초반 유럽의 국제 관계 형성에 지대한 영향을 미쳤다. 이렇게 형성된 새로운 질서는 이후 수십 년간 국제 관계의 기본 틀이 되었다.

인구 노이로제 시작

독일 민족 감소에 대한 공포

신성 로마 제국이 오랫동안 서유럽을 지배할 수 있었던 주된 동력은 다른 유럽 국가들에 비해 빠른 인구 성장이었다. 신성 로마 제국은 그 존속 기간 내내 유럽에서 최대 인구를 보유한 국가였다. 프로이센 역시 이러한 인구 우위를 바탕으로 프랑스와의 전쟁에서 승리하고 순수 게르만 민족의 독일 제국을 건설할 수 있었다.

독일 제국의 인구는 건국 직후인 1870년 약 4천만 명에서 제1차 세계대전이 발발한 1914년에는 거의 7천만 명에 이르렀다. 이는 유럽의 다른 어떤 국가보다도 빠른 성장이었다. 이로써 독일 제국은 서유럽에서 가장 많은 인구를 가진 국가가 되었으며, 이는 다른 국가들에게 위협으로 작용하였다. 실제로 독일 제국은 이러한 거대한 인구를 바탕으로 그 영향력을 확대해 나갔다.

프로이센과 그 후신인 독일 제국의 인구가 급성장한 배경에는 산업혁명(1760~1830)이 있었다. 영국에서 시작된 산업혁명은 유럽 전역으로 확산되어 독일을 포함한 유럽 국가들의 경제와 사회는 물론 인구 변화의 전환점이 되었다. 사회적으로 공중위생이 향상되고 각종 항생제가 개발되는 등 보건과 의·약학 분야의 발전이 뒤따랐다. 그 결과 사망률이 빠르게 낮아져, "많이 태어나고 적게 사망"하는 고출산–저사망 단계에 진입하면서 인구가 빠르게 증가한 것이다.

그러나 20세기 초에 이르러 독일 제국은 '독일 민족 감소'의 공포에 휩싸이게 되었다. 이는 저출산–저사망 단계로의 새로운 인구 전환에 따른 결과였다. 이러한 변화는 산업혁명의 영향으로 인구가 급증한 데서 비롯되었다. 노동력이 빠르게 기계로 대체되기 시작하면서 인구 증가를 억제하여야 한다는 주장이 영국의 경제학자 맬서스 Thomas Robert Malthus(1766~1834)에 의해 펼쳐졌다.

맬서스는 1798년 자신의 저서 『인구론』을 통해 "인구의 자연적 증가는 기하급수적이지만, 식량은 산술급수적으로 밖에 증가하지 않는다"라고 주장했다. 급격한 인구 증가로 식량 부족, 기근, 질병이 만연할 것이라는 '맬서스적 재앙'을 경고한 것이다. 즉, 산업혁명의 모순을 해결하기 위해 인구 증가가 억제되어야 한다는 것이다. 고대

토머스 맬서스

부터 줄곧 인구 증가를 중시했다는 점에서 당시 인구 증가 억제를 주장하는 논리는 파격적이었다.

맬서스는 질병, 범죄, 전쟁 등을 통해 인간이 인간에 의해 제거되는 자연적인 인구 억제 방법을 제시하였다. 또한, 결혼을 연기하거나 결혼 후 금욕 생활을 통해 출산을 도덕적으로 회피하는 방법을 제시하였다. 그러나 그의 방법들은 실제 인구 억제로 이어지지 못했다. 현실적으로 전쟁이나 전염병이 자주 발생하지 않았기 때문이다. 인구 증가로 식량이 부족하다는 문제만으로 사람들에게 결혼 억제와 금욕 생활을 설득하는 데도 한계가 있었다. 게다가 농업기술 발전 등으로 증가하는 인구보다 더 많은 식량이 생산되었다.

맬서스 이후에 등장한 신맬서스주의자Neo Malthuismist들은 '맬서스적 재앙'에 대한 해결책으로 낙태와 피임이라는 새로운 출산 행태를 옹호했다.[19] 이후 피임 운동은 독일을 포함한 유럽 국가들로 확산하였다.[20] 더욱이 20세기에 들어서면서 경제가 발전하고 사회가 현대화되어 생활 수준이 향상되면서 인구 현상은 고출산에서 저출산으로 급격하게 전환되었다. 궁극적으로 가내 수공업이 사라지고 경제적 부가 축적되면서 가족경제를 책임졌던 자녀의 가치가 줄어들었기 때문이다. 자연스럽게 당시 부르주아 계급뿐 아니라 노동자 계급에 이르는 모든 계층에서 자녀의 수를 줄이기 위해 가족계획을 실천하였다. 피임법의 발달도 자녀의 수를 실제로 줄이는 데 크게 기여했다.

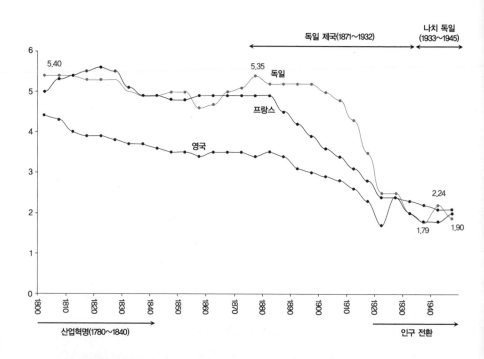

독일의 합계출산율 추이

독일 제국(1871~1933) 시기에 급격히 하락한 독일의 출산율은 1930년대에 유럽 국가들 중 매우 낮은 수준을 기록했다. 이는 당시 독일에서 인구 위기의식이 고조된 주요 원인이 되었다.[21]

이와 같은 또 다른 인구 현상은 서유럽에서 시작하여 점차 유럽 전역으로 확산하였다. 그 결과 1890~1915년 기간 출산율이 빠르게 감소하였다. 이는 필연적으로 인구 증가세를 둔화시켰다. 사망이 줄었지만, 출생도 크게 줄어들어 나타나는 당연한 현상이었다.

독일도 예외가 아니었다. 독일 제국의 저출산 현상은 유독 심하여 주변 국가들에 비해 인구 증가율이 더 빠르게 낮아졌다. 실제로 1876~1880년 기간 39.2명이었던 독일의 출생률(인구 1천 명당 출생아 수)이 1906~1910년 기간 31.6명으로 급락했다.[22]

이러한 인구 동향은 독일 제국에 '독일 민족 감소'의 공포를 불러일으켰다. 이는 단순한 인구 문제를 넘어 국가의 힘과 미래에 대한 우려로 이어졌으며, 이후 독일의 정책과 국제 관계에도 큰 영향을 미치게 되었다.

독일 제국의 인구 감소 공포는 단순한 통계적 우려를 넘어 국가의 미래에 대한 근본적인 위기의식을 불러일으켰다. 인구의 힘으로 유럽의 강국 반열에 오른 독일에 인구 감소는 곧 국력의 쇠퇴를 의미했다. 더욱이 독일의 오랜 숙적인 프랑스가 19세기 말 '인구 감소 공포'에 맞서 대대적인 인구 증가 운동을 펼치고 있다는 소식은 독일의 위기의식에 기름을 부었다.

이러한 배경하에 독일 제국은 제1차 세계대전 중인 1915년부터 출산 장려를 위한 다양한 정책을 쏟아냈다. 당시 '출산장려주의'를 이

끈 것은 주로 의사들이었다. 그들은 저출산 문제를 국가의 건강을 위협하는 질병처럼 여겼고, 이에 대한 해결책으로 피임과 낙태를 금지하고 특별수당을 지급하는 등의 처방을 내놓았다. 정부는 이러한 권고를 받아들여 피임 도구의 광고, 생산, 수입, 판매를 엄격히 금지했다. 심지어 의사의 낙태 수술을 규제하는 법안까지 제정했다.

그러나 이러한 노력은 결과적으로 실효성이 낮았다. 법들이 주로 매춘 여성에게만 적용되었고, 콘돔은 질병 예방 도구라는 이유로 금지 조치에서 제외되었기 때문이다. 이는 정책의 일관성과 실효성 측면에서 큰 한계를 드러낸 것이었다.

▌ 출산율 하락과의
▌ 전쟁

1918년 11월, 제1차 세계대전 패배로 독일 제국이 무너졌다. 이 패배는 단순한 군사적 손실을 넘어 독일 국가 근간을 흔드는 사건이었다.

새롭게 수립된 바이마르 공화국Weimarer Republik(1919~1933)은 전쟁의 책임을 떠안고 가혹한 베르사유 조약에 서명할 수밖에 없었다. 이 조약은 독일에 엄청난 부담을 안겼다. 2010년 10월 3일까지, 무려 90년 동안 막대한 전쟁 배상금을 지불해야 했다. 그뿐 아니라 알자스-로렌 지방, 서프러시아 등 국토의 상당 부분을 이웃 국가에 할양해야 했으며, 독일군의 규모를 10만 명 이하로 제한당하는 굴욕을 겪었다. 이러한 조치들은 독일 국민에게 깊은 상처와 분노를 안겼다.

전쟁의 여파는 인구 측면에서도 치명적이었다. 수많은 젊은이들이 전장에서 목숨을 잃었고, 이는 전후 결혼 감소로 이어져 출생률을 급격히 떨어뜨렸다. 출생률은 1913년 27.5명에서 1933년 14.7명으로 거의 절반 수준으로 감소한 것이다. 영토 손실로 인한 인구 감소까지 더해져 독일의 인구는 제1차 세계대전을 거치면서 500만 명이나 줄어들었다. 독일 제국의 인구의 힘, 즉 국력이 급격히 약화되었음을 의미했다.

경제적 타격 역시 심각했다. 1920년대 초반 독일을 강타한 인플레이션으로 화폐 가치가 바닥을 치면서 지폐보다 담배가 더 나은 교환수단이 되는 지경에 이르렀다. 중산층은 하루아침에 빈곤층으로 전락했고, 실업과 빈곤이 도처에 만연했다.

이러한 상황에서 1929년 세계 대공황이 독일을 덮쳤다. 미국과 독일 경제가 전쟁 배상금 문제로 긴밀히 연계되어 있었기에, 뉴욕 증시붕괴의 여파가 즉각적으로 독일에 전달된 것이었다. 1932년 6월까지 실업자 수는 600만 명에 달했는데, 이는 전체 노동인구의 30%에 해당하는 엄청난 규모였다. 대량 실업과 함께 기아, 빈곤, 노숙자 등 사회적 혼란이 극심해졌다.

경제 대공황의 여파는 독일의 출산율에 치명타를 가했다. 1930년대 초, 독일의 합계출산율은 1.7명대로 곤두박질쳤다. 이는 오스트리아를 제외한 유럽 전역에서 가장 낮은 수준이었다. 제1차 세계대전 이후, 독일은 출생률이 사망률을 밑도는 데드크로스 현상을 경험하게 되었다. 그로 인해 인구 증가세는 급격히 둔화하였다.

바이마르 공화국은 전쟁 책임이라는 무거운 짐에 더해, 이제 인구 감소라는 새로운 국가적 위기에 직면하게 되었다. 이 위기를 타개하고자 공화국 정부는 과감한 조치를 단행했다.

우선 1919년에 제정된 바이마르 헌법Weimar Constitution에 국가가 혼인과 가족을 보호하도록 하는 규정을 두었다. 그리고 '출산율 하락과의 전쟁'을 선포하였다. 이는 단순한 정책이 아닌, 국가의 존립을 위한 필사적인 몸부림이었다.

당시 프리드리히 에베르트 사회민주당 정부(1919~1925)는 국민의 의식을 바꾸기 위한 대대적인 캠페인을 펼치는 한편, 다자녀 가정에 복지 급부를 제공하고 모성을 권리로써 보호하였다. 구체적으로 공무원과 노동자들에게는 아동수당과 배우자수당이 지급되었고, 자녀 학비 감면 혜택이 주어졌다. 저소득층 여성들을 위한 출산수당, 다자녀 가정을 위한 세금 감면 등 다각도의 지원책이 마련되었다. 더불어 산전산후 의료 지원을 확대하고, 유럽 최초로 12주간의 출산휴가를 도입하는 등 획기적인 조치들이 이어졌다.

그러나 이러한 노력에도 불구하고, 바이마르 공화국의 출산장려 정책은 근본적인 한계를 지니고 있었다. 정책의 수혜 대상이 공무원과 노동자 등 일부 계층에 한정되어, 우생학적 엘리트주의 성향이 강했던 것이다. 결과적으로 많은 독일인들이 이 정책에서 소외되었고, 국가가 우려하는 출산율 감소 위기와는 무관한 존재로 남게 되었다. 독일 제국에 이어 바이마르 공화국의 출산장려정책 역시 실패로 끝난 것이다.

　바이마르 공화국 정부의 실패는 단순히 인구 문제에 그치지 않았다. 정치, 경제, 사회 전반에 걸친 위기 상황에 효과적으로 대처하지 못하면서, 국가 근간이 흔들리기 시작했다. 정당 간의 첨예한 대립으로 의회는 마비되었고, 새로운 법안 통과는 거의 불가능한 상황에 이르렀다. 정부의 무능한 대응에 국민의 불만은 고조되었고, 정부에 대한 불신은 깊어만 갔다.

　바이마르 공화국의 이러한 총체적 위기는 결국 극단적인 정치 세력이 부상할 수 있는 토양을 마련하게 되었고, 독일은 역사의 또 다른 암흑기를 향해 서서히 나아가고 있었다.

제3장

세계 지배를 꿈꾸는 인구제국

제3제국 : 나치 독일

제3제국의 시간 속으로

나치 독일(1933~1945)의 총통 아돌프 히틀러는 유대인 대량 학살과 제2차 세계대전 전범으로 잘 알려져 있다. 이러한 인류사적 비극을 낳은 히틀러의 인구에 대한 가치 관, 그리고 이를 토대로 실행한 인구정책의 전말이 무엇인가?

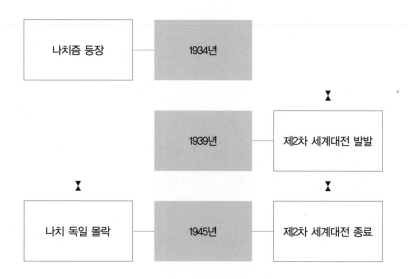

극단적 게르만족 늘리기

히틀러의 야망과 우생학

　바이마르 공화국 정부의 등장에도 불구하고, 인구 위기, 전쟁 후 사회적 혼란, 경제적 불안정 등이 해결되지 못하자 국민의 좌절감이 극에 달했다. 이는 극단적 민족주의가 확산되는 계기가 되었는데, 이 절망적인 상황에서 급진적인 나치당이 구세주처럼 등장한 것이다. 당시 나치당은 베르사유 조약을 뒤집는 경제 회복, 일자리 보장, 국가적 위상 회복, 소실된 독일 영토의 회복 등 달콤한 약속으로 국민의 지지를 확보했다.

　이 시기의 중심에 서 있던 인물이 바로 아돌프 히틀러Adolf Hitler (1889~1945)였다. 히틀러의 민족주의적 열망은 그의 개인사에서도 잘 드러난다. 1913년, 그는 오스트리아군 징병을 거부하고 독일로

아돌프 히틀러

이주했는데, 이는 순수 게르만족의 군대에 입대하기 위함이었다. 이런 그의 선택은 19세기 독일 통일의 역사와도 맥이 닿아 있다. 당시 프로이센이 주도한 독일 통일 과정에서 오스트리아 제국은 처음에 통합 대상으로 논의되었으나 결국 제외되었다. 게르만족뿐 아니라 슬라브족, 마자르족, 이탈리아인 등 여러 민족이 섞여 있는 오스트리아 제국은 순수 게르만 민족 국가를 꿈꾸는 프로이센의 이상과는 맞지 않았던 것이다. 히틀러는 이런 오스트리아를 떠나 순수 게르만족의 나라 독일을 선택했다.

히틀러는 독일군에 입대한 것을 넘어 나치당(NSDAP)에 가입하여 새로운 지도자로 부상했다. 특히 공산주의를 싫어하는 자본가나 농업계를 비롯한 지배 세력으로부터의 많은 지지를 얻었다. 마침내 1934년 8월 힌덴부르크Paul von Hindenburg 대통령의 사망 후 총통Führer의 자리에 올랐다.

그의 비전은 단순한 국가 재건을 넘어섰다. 히틀러는 독일을 인구제국으로 만들어 세계를 지배하려는 광대한 야망을 품고 있었다. 이를 위해 그가 선택한 도구는 우생학과 인종주의였다. 제2차 세계대전 당시 게르만족이 우월하고 다른 민족은 열등하다고 믿고 "세상은 우월한 게르만족이 지배해야 한다"고 주장까지 했으니 말이다.

히틀러의 극단적인 인구정책은 우생학에 그 근거를 두고 있다. 우생학의 원래 의미와 발전 과정을 살펴보면, 이 학문이 어떻게 극단적으로 변질되었는지 이해할 수 있다.

우생학eugenics은 "잘 태어난"이라는 그리스어에서 유래했다. 1883년 영국의 프랜시스 골턴Francis Galton이 이 학문을 창시했는데, 그는 사촌인 찰스 다윈Charles Darwin의 진화론에 영향을 받았다. 골턴은 우생학을 "인종의 타고난 자질을 개선하고 발전시키는 과학"으로 정의했다.[23] 그는 인간의 재능과 특성이 유전된다고 보았고, 선택적 출산으로 인류를 개선할 수 있다고 믿었다. 하지만 당시 기독교가 주류인 영국 사회에서 이 이론은 받아들여지지 않았다.

독일에서 우생학은 극단적인 방향으로 발전했다. 에른스트 헤켈 Ernst Haeckel은 독일 우생학의 선구자였다. 그는 다윈의 진화론을 지지하는 생물학자였지만, 동시에 강한 인종차별주의적 성향의 소유자였다. 헤켈은 "열등한 인종"을 제거하는 것이 인류의 진화에 도움이 된다고 주장했고, 이는 후에 나치 이데올로기에 큰 영향을 미쳤다.[24] 한편, 의사 알프레드 플츠Alfred Plötz는 게르만족 우월주의가 팽배한 시기에 독일 인종위생학회를 설립했다. 그리고 그는 "인종 위생 racial hygiene"이라는 용어를 만들어 열등 인종 제거를 정당화했다. 이 두 사람의 사상은 독일 우생학과 인종주의를 결합시키는 데에 결정적인 역할을 했다.

제1차 세계대전 이후 사회적으로 영향력 있는 생물학자와 의사들이 불임수술 의무화를 지지하면서 우생학은 점점 더 인종주의적 색채가 짙어졌다. 1923년 뮌헨대학교에 인종위생학과가 설립되었으며, 1933년까지 대부분 의과대학에서 관련 교육이 진행되었다. 이는 우생학이 정부 정책의 근거가 되는 초석이 되었다.[25] 심지어 나치당 집권 후에는 초등학교부터 고등학교까지 인종학 수업이 개설되어 어린 시절부터 인종 차별과 혐오 사상이 주입되었다.

단순히 인류의 유전적 개선을 추구하는 학문에서 벗어나, 특정 인종의 우월성을 주장하고 다른 인종의 제거를 정당화하는 극단적인 인종주의 이념으로 변질된 것이다. 이는 후에 나치 정권의 극단적인 인종정책을 위한 이론적 기반이 되었다. 히틀러의 나치 정권은 이 왜곡된 우생학을 인구정책에 적용했다. 그들의 목표는 우월한 게르만족을 늘려 세계를 지배하는 것이었다.

▌순수혈통
▌게르만족 증식

히틀러의 나치 정권은 인구제국 건설이라는 야망을 실현하기 위해 전례 없는 극단적 인구정책을 펼쳤다. 그들의 목표는 단순한 인구 증가가 아닌, "순수 아리아 인종"의 번성이었다. 히틀러는 아리아인, 특히 게르만족이 가장 우수한 인종이라는 왜곡된 믿음에 사로잡혀 있었다.

아리아인은 중앙아시아에서 기원전 2000년경 터키, 유럽, 인도로

이동했는데, 히틀러는 유럽으로 이주한 아리아인 중 게르만족이 가장 순수한 혈통을 유지했다고 주장했다. 이러한 믿음을 바탕으로, 히틀러는 "순수한 아리아 혈통"을 늘리기 위해 게르만족의 출산을 장려하고 낙태를 방지해야 한다고 생각했다. 그가 말하는 이상적인 아리아인의 모습은 금발에 파란 눈을 가진 키 큰 사람이었다. 이러한 인종 이데올로기는 곧 구체적인 국가정책으로 전환되어, 개인의 가장 사적인 영역인 결혼과 출산까지 국가가 통제하는 상황을 초래했다.

나치 정권은 우선 출산을 억제하는 요인들을 제거하기 시작했다. 1933년 5월, 히틀러는 베를린의 '성 및 결혼 상담 센터와 연구소'를 폐쇄하고 피임약 사용을 제한하였다. 당시 피임약 조제는 '회색 영역'으로 간주되었다.[26] 1941년에는 낙태를 불법화하여 '가치 있는' 독일인들 사이에서 낙태를 근절하려 했다.[27] 이는 바이마르 공화국 시대에 연간 60만 건~80만 건, 즉 전체 임신의 33%~40%에 달했던 낙태율을 낮추기 위한 조치였다. 3명이 임신하면 1명꼴로 낙태를 선택했던 상황을 타개하고자 한 것이다. 1943년 3월 9일에는 더 강력한 법을 제정하여 낙태를 엄격하게 금지하였다. 태아를 살해하거나 타인에 의해 그러한 살해를 허용한 여성은 징역형까지 처해질 수 있다고 규정하였다.[28]

동시에 나치 정권은 결혼과 출산을 촉진하기 위한 파격적인 경제적 인센티브를 제공했다. 결혼장려법을 통해 신혼부부에게 연봉의 3분의 1에 해당하는 대출금을 지급하고, 자녀를 출산할 때마다 25%씩 감면해 주었다.[29] 네 자녀 이상을 출산한 가정에는 대출금 전액을 탕감해주는 강력한 조치를 한 것이다.

이러한 정책은 사회경제적 혼돈기였던 당시 젊은 층의 출산을 유인하는 데 꽤 합리적인 것으로 여겨진다. 대출금 감면을 위한 예산은 미혼 남녀에게 부과한 독신세로 충당하였다.

1934년 4월 대가족 지원 제도를 도입하여 세 자녀 이상을 둔 건강한 아리아인 가정에 수당을 지급했다. 이외에도 자녀가 지방정부에 취업을 지원하면 우선순위를 부여하고, 사회보험료 할인, 국영 철도 운임 할인 등 다양한 혜택도 제공했다.[30]

1939년부터는 다자녀 가정에 '독일어머니명예십자훈장Ehrenkreuz der Deutschen Mutter'을 수여하고 포상했다. 자녀 수에 따라 메달을 달리하였는데, 4~5명의 자녀를 둔 가정에 동십자 메달, 6~7명의 자녀를 둔 가정에 은십자 메달, 8명 이상의 자녀를 둔 가정에 금십자 메달을 수여하였다. 훈장을 받은 가정은 버스나 전차와 같은 공공요금의 면제, 주택 공급, 자녀 학교 배정 우선권 등의 특혜를 받았다. 이와 같은 다자녀 가정을 우대하는 차별적인 경제적 인센티브로 인해 자연스럽게 독일 국민에게 대가족이 이상적인 가족 형태로 인식되기도 했다.

레벤스보른 탄생의 집

1943년 독일 나치 정권의 '레벤스보른' 프로그램을 보여주는 이 사진은 SS 깃발 아래 영아용 유모차들과 이를 돌보는 간호사의 모습을 담고 있다. 레벤스보른은 '순수 아리아인' 인구 증가를 목표로, SS 장교와 독일 여성 사이에서 태어난 아이들을 양육한 출산 장려 프로그램이었다.

나치 정권은 순수 게르만족의 규모를 늘리기 위한 목적으로 반윤리적인 정책도 서슴없이 실행했다. 1935년에는 "우월한 게르만족을 보존한다"는 명분으로 출산 장려 기관인 레벤스보른^{Lebensborn}(생명의 샘) 단체를 설립했다. 이 단체는 아리아인의 '인종 순수성'을 유지하면서 증식시키기 위해 실질적인 인간 교배 실험을 진행했다. 무장친위대 단원들의 결혼과 다산을 장려하고, 귀족과 군인 집안의 영애나 장교를 모아 아이를 의무적으로 낳게 했다. 더 나아가 점령지에서는 아리아인 소녀들을 납치해 강제로 임신시키는 만행까지 저질렀다. 세계 각국의 고아들 중 게르만족의 특징을 강하게 가진 아이들을 입양하기도 했다.

이러한 극단적 정책에 대한 대중의 거부감을 줄이기 위해 나치 정권은 『Neues Volk(새로운 민족)』란 잡지를 창간하는 등 선전 활동에도 주력했다. 이는 우생학적 조치들을 정당화하고 대중에게 수용시키기 위한 노력의 일환이었다.

이 과정에서 여성들은 가장 큰 피해자였다. 나치 정권은 여성의 사회 진출을 철저히 막고, 그들을 단지 '아리아인 증식 기계'로 취급했다. 여성을 가정에만 머무르도록 유인하기 위해 재정적인 지원을 했다. 예를 들어, 1933년 실업대책법을 시행하여 여성이 결혼으로 퇴직하는 경우 남편에게 결혼대여금을 분할 지급하는 등 취업 여성의 가정 복귀와 다자녀 출산을 장려하였다. 여성들에게 전통적 농민 복장을 강요하고, 화장, 바지 착용, 흡연 등을 금지했다. 심지어 날씬한 체형조차 출산에 부적합하다는 이유로 지양하도록 했다.

나치 정권은 여성의 역할을 출산, 육아, 가사로 극도로 제한하고 전통적인 성역할만을 강요했다. 이는 국가주의와 인종주의 이념이 인구정책에 그대로 반영된 결과이다. 그 대상이 '이상적' 아리아인일 지라도 예외는 없었다. 결국 이 정책은 인종주의적 이념을 넘어, 국 가의 목표를 위해 모든 개인의 삶을 통제하고자 했던 나치 체제의 본 질을 드러내는 것이다.

▌열등 인종 출산 억제와 ▌대량 학살

제1차 세계대전 패배와 대공황으로 인한 사회경제적 불안이 고조 되던 시기, 우생학자들은 사회의 모든 문제를 생물학적 및 유전적 결 함의 탓으로 돌리기 시작했다. 빈곤, 범죄, 알코올중독 등 복잡한 사 회문제들을 마치 유전자의 문제인 것처럼 단순화하였다. 이러한 터 무니없는 사고방식은 당시 사회에 만연한 불안과 공포를 쉽게 설명 할 수 있는 과학적 근거를 제공하는 것처럼 보였다.

'열등 인종'이라는 개념은 이때 탄생했다. 이 개념은 단순히 유대인 에게만 국한된 것이 아니었다. 사회적으로 열등하다고 여겨지는 모든 사람 즉, 장애인, 정신질환자, 동성애자, 집시 등이 이 범주에 포함되었다. 사회는 점차 이들의 존재 자체를 위협으로 인식하기 시작했다.

열등 인종이 출산을 많이 할수록 우생 인종은 약화할 것이라는 두려움이 퍼져나갔다.[31] 게다가 열등 인종의 빠른 번식은 결국 우월한 인종을 압도할 것이라는 공포가 사회 전반에 확산되었다. 이러한 근거 없는 주장들은 마치 과학적 사실인 양 받아들여지며, 사회 불안을 더욱 증폭시켰다.

이러한 배경하에서 우생학 운동이 힘을 얻기 시작했다. 그 핵심은 우수한 인종의 출산을 적극적으로 장려하고, 열등한 인종의 출산을 억제하는 것이었다. 독일 나치의 영향으로 우생학이 독일에만 있었던 것처럼 알려져 있으나 사실 많은 국가에서 유행하고 있었다. 20세기 중반까지 미국, 캐나다, 북유럽 국가, 심지어 일본에서도 유사한 정책들이 시행되었던 것이다. 이는 당시 우생학이 얼마나 광범위하게 받아들여졌는지를 보여준다.

히틀러와 나치 정권은 이러한 우생학 사상을 가장 극단적으로 확장했다. 그들은 유대인, 집시, 유색인종 등 열등 인종으로 낙인찍힌 이들에게 가혹한 출산 억제 정책을 펼쳤다. 히틀러는 전후 혼란기에 독일인의 사기 저하를 게르만족이 포함된 아리아 민족의 '질병'으로 여기고 이를 '치유'해야 한다고 주장했다.[32]

히틀러의 집권 초기인 1933년에 제정된 불임에 관한 법률인 단종법sterilization law은 우생학 사상의 극단적 표현이었다. 이 법은 유전적

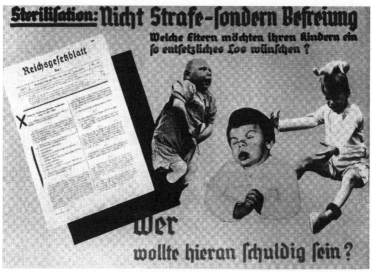

1936년, 나치 독일의 강제 불임화 선전 포스터[33]

이 사진은 나치 독일의 강제 불임 정책을 선전하는 포스터로, "불임은 처벌이 아니라 해방이다"라는 문구와 함께 장애 아동의 모습을 왜곡하여 강제 불임화 정책을 정당화하려 했다.

으로 열성이라 간주되는 자의 불임수술과 인공임신중절을 의무화했다. 같은 해에 제정된 또 다른 법인 '유전적 질환자 자손 출산 방지법'은 18개월간 약 40만 명에게 적용되었다. 사회에 부담을 주거나 생계를 위해 일할 수 없는 사람, 즉 비사회적이고, 병들고, 열등하다고 여겨지는 사람들은 아리아인의 혈통을 더럽힐 것이라 믿었다. 단지 이러한 이유로 열등 인종의 출산은 강제적인 불임수술과 안락사로 철저히 통제되었다.

1935년에는 '독일의 혈통과 존엄에 관한 보호법'을 제정하여 혼인마저 통제하기 시작했다. 더 나아가 1938년에는 혼인·이혼법을 통해 출산 장애가 있는 자에게 이혼을 허용했다. 이는 '순수한' 아리아인 가정의 형성을 위한 또 다른 극단적 조치였다.

당시 나치의 인종 이데올로기는 아리아인의 인종적 순수성을 위해 열등하다고 여긴 인종을 제거하는 행위를 '인구 정화'로 포장했다. 그러나 실상은 인간의 기본적 권리와 존엄성을 완전히 무시한 채, 특정 집단의 생존권을 박탈하는 '인구 말살'에 불과했다.

우생학적 인구정책의 또 다른 배경으로 유럽 사회에는 반유대주의 정서와 편견이 오랫동안 뿌리박혀 있었다. 19세기 말 오스트리아 비엔나 시장 뤼거Karl Lueger는 '경제적 반유대주의'를 정치적 도구로 활용하였다. 이는 유대인이 자본주의를 독점하여 경제 분야에서 불공정한 이익을 취한다는 주장으로, 산업혁명 이후 어려움을 겪던

1919년, 오스트리아에서 제작된 '배후중상설'을 표현하는 엽서
이 엽서는 유대인이 독일 군인을 배신하는 모습을 그려 전쟁 패배의 원인을 내부
배신자에게 돌리는 당시 음모론을 반영한다.[34]

소상인과 자영업자들의 지지를 얻는 데 효과적이었다. 당시 오스트리아 비엔나에 거주했던 히틀러는 이러한 뤼거의 전략에 영향을 받았으며, 실제 이러한 이념은 1920년대 나치당의 강령에 반영되기도 했다.

사실 독일 사회에서 유대인들의 모습은 대중의 인식과는 달랐다. 전체 유대인 중 단 22%만이 언론인, 교수, 변호사 같은 선망 받는 직업에 종사했고, 대다수는 평범한 중산층 영세 자영업자였다. 그들도 독일인들과 마찬가지로 경제 침체기의 고통을 겪고 있었다. 그럼에도 불구하고, 정치적 선동으로 인해 대중 사이에는 유대인을 "땀을 흘리지 않는 기생충"으로 인식하는 부정적 시각이 팽배했다. 제1차 세계대전 이후, 독일 사회에는 더욱 기이한 음모론이 퍼졌다. 유대인들의 배신으로 제1차 세계대전에서 패배했다는 "등 뒤에서 칼 찌르기"를 뜻하는 '배후중상설Dolchstoßlegende'과 같은 터무니없는 주장은 많은 이들의 공감을 얻었다.

히틀러 정권은 이러한 사회적 분위기를 기반으로 손쉽게 반유대주의 법제화를 추진하였다. 그는 미국의 인종차별 정책을 주의 깊게 관찰했다. 미국의 '흑인 문제'가 '유대인 문제'와 본질적으로 유사하다고 생각한 것이다. 20세기 초 우생학은 전 세계적으로 유행하였으나, 이를 법적으로 금지하고 범죄로 처벌하는 국가의 사례는 드물었다. 하지만 당시 미국은 남부를 중심으로 흑인의 정치적 영향력을 최소화하기 위해 흑인 참정권을 박탈하는 법을 제정하고, 원주민과 외

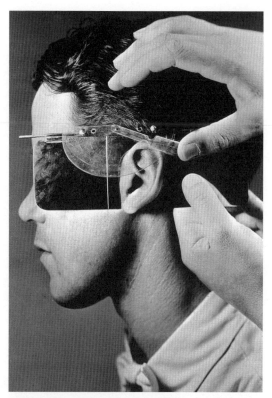

카이저 빌헬름 인류학 연구소의 인종 측정

1936년 카이저 빌헬름 인류학 연구소Kaiser Wilhelm Institute
for Anthropology에서 인종적 특징을 판별하기 위해 귀
모양과 크기를 측정하는 장면이다. 이는 나치 독일의 인종
이데올로기를 과학적으로 정당화하려 했던 당시의 의사과학적
연구 방법을 보여준다.[35]

국인에게 불이익을 주는 각종 정책을 만들었다.

히틀러는 미국의 혈통법 같은 법령이 독일 민족의 신체에 유대인의 피가 침투하는 것을 막기 위해 반드시 필요한 장치로 생각했다. 나치 정권은 인종을 기준으로 시민의 등급을 나누고 차별하는 미국의 이민법, 귀화법, 혼혈금지법 등을 모델로 삼아 1935년 9월 15일 뉘른베르크법Nürnberger Gesetze을 제정하였다. 히틀러는 그의 저서 『나의 투쟁Mein Kampf』에서 미국은 유럽의 인종 모델이며, 나치 정권이 원했던 종류의 인종차별 사회를 만들고 있는 세계 유일의 국가라고 언급한 바 있다.

뉘른베르크법은 유대인 배제의 법적 근거가 되었다. 국가시민법Reichsbürgergesetz을 통해 유대인의 독일 시민권을 박탈했고, '독일인의 피와 명예를 지키기 위한 법률Gesetz zum Schutze des deutschen Blutes und der deutschen Ehre'을 통해 유대인과 독일인의 결혼 및 성관계를 금지했다. 뉘른베르크법은 1935년 11월 26일부터 흑인과 집시 등에게도 확대 적용되어 '열등 인종' 학살의 법적 근거가 되었다.

나치 정권의 반유대정책은 점차 강화되어 유대인 등 무고한 민간인의 대량 학살로 이어졌다. 이는 유대인에 국한되지 않고, 독일인 동성애자와 장애인들도 'T4 작전' 등을 통해 조직적으로 학살되었다. 대표적으로 T4 작전은 나치 독일의 우생학에 기반한 장애인 대량 학살 사건이다. 이는 1939년 9월, 히틀러가 한 극비 지령 문서에 서명하면서 시작되었는데, 이 문서는 장애인과 정신질환자 등 부적

격자에 대한 집단 살인을 허가하는 명령이었다. 이를 위해 안락사 프로그램이라는 위장된 이름 아래 살인 계획이 도입되었다. 'T4'라는 명칭은 사무국이 위치한 베를린 미테구 티어가르텐 4번지(Tiergar-tenstraße 4)에서 유래되었으며, 4개의 병원이 집단 살해 장소로 이용되었다. 이러한 나치 정권의 대량 학살로 인해 무려 약 600만 명의 유대인이 나치 정권과 그 협력자들에 의해 목숨을 잃었다. 이는 인류 역사상 가장 충격적이고 비극적인 사건 중 하나로 기록되고 있다. 이러한 대규모 학살은 단순한 인종 차별을 넘어 체계적이고 조직적인 국가정책으로 수행되었다는 점에서 더 충격적이었다.

이러한 정책들은 표면적으로는 인구 위기 극복을 위한 출산장려 정책의 일환이었지만, 실제로는 우생학이라는 이념 아래 자행된 끔찍한 범죄였다. 그럼에도 불구하고 당시 많은 독일 국민은 이러한 정책이 그들을 더 나은 수준으로 이끌 것이라고 굳게 믿고 있었다.

히틀러 인구통치 유산

▌단기적 출산율 증가의
▌허상

히틀러의 인구정책은 탈자유주의적 국가에서 국가 개입을 통해 출산율 증가를 이룬 유일한 사례로 평가될 수 있다.[36] 비록 그 배경과 목적에 대해 윤리적, 도덕적 비판이 존재함에도 불구하고, 순수하게 출산율 향상이라는 수치적 측면에서 볼 때 그의 인구정책은 성공했다고 볼 수 있다.

1933년부터 1938년까지의 기간 동안 독일의 출생아 수는 현저히 증가했다. 이 증가의 3분의 1은 혼인율 상승에 기인했으며, 나머지 3분의 2는 기혼 여성의 출산율 증가에 의한 것이었다. 이는 나치 정권의 정책이 결혼 장려와 기존 가정의 출산 증진 두 가지 측면에서 모두 효과를 발휘했음을 보여준다.

나치 정권은 결혼과 출산에 대한 강력하고 확실한 경제적 인센티브를 제공했다. 특히 주목할 만한 것은 신혼부부 대출 제도였다. 1933년 8월부터 1938년 말까지 약 5년 동안 무려 112만 쌍의 부부가 이 혜택을 받았다. 이는 당시 신혼부부의 40% 이상에 해당하는 수치로, 정책의 광범위한 영향력을 보여준다. 더욱 흥미로운 점은 출산도 대출받은 부부가 대출받지 않은 부부보다 높게 나타났다는 것이다. 이러한 결과는 당시 신혼부부 대출 제도가 상당히 효과적이었음을 입증하고 있다.

또한 인구 증가의 핵심에는 나치 정권의 대규모 경제개혁이 있었다. 히틀러는 집권 직후 대대적인 공공사업을 시행했다. 지금도 전 세계에서 가장 유명한 고속도로인 '아우토반Deutsche Autobahn' 건설 프로젝트가 대표적인 예다. 이 프로젝트는 1933년부터 1938년까지 약 3,000킬로미터의 고속도로를 건설했으며, 이 과정에서 수십만 개의 일자리가 창출되었다. 또한, 나치 정권은 군비 확장에 막대한 투자를 했다. 1933년 국내총생산(GDP, Gross Domestic Product)의 1%에 불과하던 군사비 지출은 1938년 10%로 급증했다. 이는 군수 산업 발전으로 이어져 추가적인 일자리를 만들어냈다.

이러한 정책들의 결과, 1933년 600만 명에 달하던 실업자 수가 1939년에는 약 4만 명으로 급감했다.[37] 이는 6년 만에 실업률을 99.3% 감소시킨 것으로, 현대 경제 역사에서도 유례를 찾기 힘든 극적인 변화였다. 나치 정권하에서 호전된 경제적 여건은 출산율 증가의 결과를 가져왔다. 1929년부터 시작된 경제 위기로 결혼과 출산을 미뤄왔던 노동계층과 중산층 이하 계층들이 경제 여건 호전과 함께 다시 결혼과 출산을 재개한 결과이다.

경제 호황과 함께 독일의 인구는 급격히 증가했다. 1937년 독일 인구는 6,783만 명으로, 1917년의 최고치를 20년 만에 경신했다. 더욱이 1939년 오스트리아와 체코 병합으로 인구는 8,060만 명까지 증가했다. 이는 불과 2년 만에 18.8%의 인구 증가를 이룬 것이다.

결국 히틀러 시대에 출산율 회복은 획기적인 인구정책과 거시적인 경제정책의 성공이 어우러져 나타난 성과로 평가될 수 있다. 그러나 이 눈부신 성공의 이면에는 어두운 그림자가 있었다. 나치 정권의 경제정책은 지속 가능하지 않았다. 대규모 공공 지출과 군비 확장은 막대한 부채를 동반했고, 이는 장기적으로 경제를 위협했다. 더욱이 증가한 인구와 경제력은 히틀러의 팽창주의적 야망을 부추겼다. 결국 히틀러와 나치당은 다시 막강해진 인구의 힘을 토대로 제2차 세계대전을 일으켰다. 인구 증가와 경제 부흥이 평화와 번영이 아닌 전쟁과 파괴로 이어진 것이다.

나치 정권의 인구정책은 국민의 니즈needs를 정확히 파악하고 이에 부응하는 방식으로 설계되었다. 경제적 지원, 고용 증대, 결혼과 출산 인센티브를 적절히 조합하여 시너지 효과를 창출했고, 이는 단기적으로 출산율 증가라는 '성공'으로 이어졌다.

그러나 궁극적으로 히틀러의 인구정책이 성공적이었다고 단순히 긍정적으로만 평가할 수 없다. 정책의 성과를 판단할 때는 단기적인 수치상의 결과뿐만 아니라, 그 정책이 추구하는 근본적인 가치와 목표, 그리고 장기적으로 미칠 영향을 종합적으로 고려해야 하기 때문이다.

히틀러 몰락의 단초, 인구정책 모순

히틀러의 인구정책은 제도적 통제, 경제적 유인책 제공, 선전을 통한 국민 의식화로 그 특징을 압축할 수 있다. 이 정책은 단기적으로 출산율을 회복시켰으나, 장기적으로는 체제 붕괴를 재촉하는 요인이 되었다.[38]

전쟁이 장기화로 나치의 인종 이데올로기는 현실적 한계에 직면했다. '순수 아리아인' 우선 징집 정책은 전쟁 수행에 필요한 인력을 제한하는 결과를 낳았다. 결국 나치 정권은 그들이 열등하다고 여겼던 인종까지 군대에 받아들이는 모순된 상황에 이르렀다. 이는 나치 이데올로기의 근간을 흔드는 계기가 되었다.

나치 정권은 인종 이데올로기를 변경하여 열등 인종도 나치 친위대에 입대하여 동쪽으로는 소련, 서쪽으로는 연합군으로부터 국가를 방어할 수 있도록 허용했다. 확고한 이념으로 여겨졌던 인종주의가 위기 상황에서 인구 문제의 대안 모색을 어렵게 함으로써 모순과 약점을 드러낸 것이다.

경제적인 측면에서도 상황은 악화 일로를 걸었다. 아우토반 건설과 같은 대규모 국책사업들은 초기에 실업 문제를 해결하는 듯했으나, 결국 국가 경제에 심각한 부담을 주었다. 초기의 경제 회복과 실업률 감소 효과는 지속되지 못했고, 오히려 장기적으로 경제 악화를 초래했다.

출산장려금, 신혼부부 대출 등 인구정책을 뒷받침하던 재원은 바닥을 드러내기 시작했다. 나치의 야심찬 계획들은 결국 독일 경제의 발목을 잡는 족쇄가 되어버린 것이다.

한편, 극단적 우생학적 인구정책도 히틀러의 죽음과 함께 완전히 종식되었다. 우생학도 나치 정권의 대량 학살로 인해 제2차 세계대전 이후 대부분의 국가에서 쇠퇴하였다. '우생학'이라는 단어 자체가 나치의 대량 학살을 연상하게 하는 끔찍한 의미를 갖게 되었기 때문이다. 각국의 우생학회들은 서둘러 이름을 바꾸거나 학술지를 폐간했다. 우생학의 그늘에서 자행되었던 강제 불임수술 등의 관행도

1945년을 기점으로 대부분 사라졌다.

▌히틀러의
▌족쇄

히틀러의 몰락과 함께 나치 정권은 역사의 뒤안길로 사라졌지만, 그들의 우생학적 인구정책이 남긴 상흔은 독일 사회에 깊이 각인되었다. 이 상처는 마치 지울 수 없는 낙인처럼 60여 년간 독일을 따라다녔다. 전범국이라는 무거운 짐을 진 독일은 인구정책에 대해 오랫동안 소극적이고 신중한 태도를 가질 수밖에 없었다.[39] 나치의 그림자는 너무나 짙었고, 그 잔상은 쉽게 지워지지 않았다.

나치 정권은 이데올로기와 사회규범의 변화를 통해 국민의 의식을 개조하는 데 주력하였다. 나치 정권은 국가주의 이데올로기를 통해 개인의 자유와 권리를 국가의 이익 아래 종속시켰다. 출산은 더 이상 개인의 선택이 아닌 국가에 대한 의무로 간주하였고, 이는 법과 제도를 통해 강제되었다. 이러한 극단적 정책이 독일 국민의 심리와 가치관에 깊은 상처를 남긴 것이다.

전후 독일은 연합국의 직접적인 정치 개입과 엄격한 감시하에 놓였다. 승전국들은 독일의 재기 가능성을 우려하여 독일 정치에 깊이 관여했다. 이런 환경에서 독일 정치인들은 출산 장려를 위한 인구정책을 언급하는 것조차 주저하게 되었다.[40] 나치즘의 잔재에 대한 경계와 과거 비인도적인 인구정책에 대한 반성이 그들의 입을 막은 것이다.

스웨덴과 프랑스에도 단종법sterilization law과 같은 우생학적 요소를 포함한 인구정책이 있었다. 그러나 이들 국가의 민주주의적 기반은 독일의 전체주의적 접근과는 본질적으로 달랐다. 그 결과, 제2차 세계대전 이후 독일이 인구정책에 대해 극도로 조심스러운 태도를 보인 반면, 스웨덴과 프랑스는 계속하여 출산 장려 정책을 추진할 수 있었다.[41]

히틀러의 실패는 인구정책의 본질을 재고하게 한다. 인구정책은 단순한 수치 조절을 넘어 한 사회의 가치관과 윤리, 역사적 기억을 담아내는 그릇이다. 인구 증가라는 거시적 목표 앞에 수치적 성장이 주는 자극성에 집중하다 보면, 정작 그 수치를 구성하는 개개인의 존엄성과 권리는 마치 아주 작게 느껴질 수 있다. 인구정책의 성공은 단순한 출생률 증가가 아니라, 인권과 자유가 보장된 사회에서 개개인의 행복과 삶의 질을 높이고 지속 가능한 인구 구조를 만드는 데 있다. 히틀러의 족쇄는 이 진실을 역설적으로 증명한다.

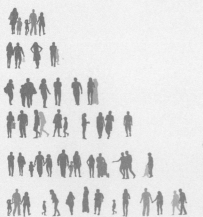

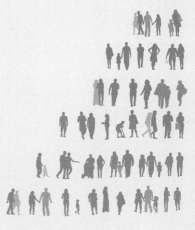

제4장

인구제국 대전환

제4제국 : 현대 독일

제4제국의 시간 속으로

제2차 세계대전 종전 직후부터 시작된 현대 독일(1945~현재)에서 인구 위기는 본격
화된다. 다원적인 인구 현상(결혼, 출산, 이동, 이민)을 통해 인구 위기가 확대되는
모습을 살펴보고, 아울러 이에 대응하는 국가의 기조 변화를 인구 모래시계를 통해
밝힌다.

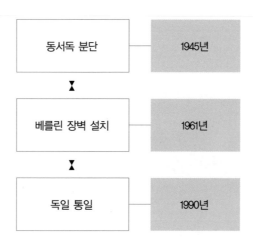

동서독 분단	1945년
베를린 장벽 설치	1961년
독일 통일	1990년

제로 아워

1945년 5월 8일, 독일은 '제로 아워Stunde Null'라고 불리는 새로운 시대를 맞이했다. 이는 단순한 시기 구분이 아닌, 나치 독일의 종말과 새로운 독일의 시작을 상징했다. 전쟁의 폐허 속에서 독일은 물리적, 정신적으로 완전히 재건되어야 했다.

전후 독일은 삼중의 도전에 직면했다. 물리적 재건, 이데올로기적 전환, 그리고 정치적 분단이다. 연합군의 '비나치화' 정책과 재교육 프로그램은 12년간 나치 정권이 주입한 이데올로기를 청산하고 독일 사회를 근본적으로 변화시키는 것을 목표로 했다. 동시에 독일의 동서 분단은 같은 민족에게 전혀 다른 가치관과 생활양식을 강요했다. 이러한 급격한 변화와 분열은 독일인들의 정체성과 미래에 대한 전망을 뿌리째 흔들었다.

현대 독일의 인구 문제는 이러한 역사적 맥락 속에서 형성되었다. 따라서 이는 단일한 시간선상에서 이해할 수 없는 다층적인 양상을 띤다. 우리는 이제 시간의 단선적 흐름을 넘어, 독일 사회를 구성하는 다양한 요소들을 통해 현대 독일의 인구 문제에 접근한다.

결혼과 가족의 변화, 저출산, 이민과 통합, 동서 격차, 도시 축소 등의 현상은 독립적이면서도 서로 긴밀히 연결되어 있다. 이 복합적 현상들은 독일의 과거, 현재, 미래가 교차하는 지점이 된다.

단일한 관점이나 시간의 흐름만으로는 포착할 수 없는 현대 독일 인구 문제를 다양한 주제를 통해 살펴봄으로써, 우리는 결국 현대 독일 사회 전체의 모습을 그려낼 수 있다. 이를 통해 현대 독일이 과거의 인구 역사를 어떻게 성찰하고 투영하고 있는지, 그리고 미래 독일의 인구 노정을 어떠한 방향으로 제시하는가를 가늠할 것이다.

동서독 분단과 인구 대이동

▍두 개의
▍독일

현대 독일은 제2차 세계대전 종전 후 동서독 분단 상태에서 시작 되었다. 이는 단순한 영토 분할을 넘어 독일의 미래를 좌우하는 중대 한 사건이었다. 정치, 경제, 사회, 문화 등 모든 영역에서 독일은 새 로운 국면을 맞이한 것이다.

1945년 여름, 승전국 지도자들이 모인 포츠담 회담에서 독일 없는 독일의 미래가 논의되었다. 이 자리에서 연합국들은 독일을 네 개의 점령 지역으로 나누기로 합의했다. 미국, 영국, 프랑스, 그리고 소련 이 각각 한 구역을 담당하게 된 것이다. 포츠담 회담에서는 단순히 영토 분할만을 논의한 것이 아니었다. 나치 잔재 청산, 민주주의 체 제 도입, 독일 군대 해산, 지방분권화 등 독일 사회를 근본적으로 변화시킬 수 있는 다양한 방안들이 제시되었다.

이 결정의 주된 목적은 독일의 군사력을 해체하고 나치즘을 근절하여 향후 독일이 다시는 전쟁을 일으키지 못하도록 하는 것이었다. 하지만 당시로서는 이 결정이 독일을 장기간 분단시킬 것이라고는 아무도 예상하지 못했다.

그러나 전후 세계 질서가 재편되면서 상황은 급변하기 시작했다. 미국과 소련 사이의 이념적 대립이 심화하였고, 이는 곧 독일 문제에도 영향을 미쳤다. 서방 연합국들은 자신들의 점령 지역에 민주주의와 시장경제를 도입하려 했고, 소련은 자신의 점령 지역에 사회주의 체제를 구축하고자 했다. 더 나아가 연합국의 점령 지역까지 공산화를 시도하였다.

이러한 대립은 1948년 6월, 서방 연합국들이 자신들의 점령 지역에서 새로운 화폐를 도입하면서 절정에 달했다. 소련은 이에 반발해 베를린 봉쇄를 단행했고, 이는 냉전의 서막을 알리는 사건이 되었다. 약 11개월간 지속된 이 봉쇄는 서방 연합국들의 대규모 공중 수송 작전으로 극복되었지만, 동서 간의 갈등은 더욱 깊어졌다.

결국 1949년, 독일은 두 개의 국가로 갈라지고 말았다. 5월에는 서방 연합국 점령 지역에서 서독이, 10월에는 소련 점령 지역에서 동독이 수립되었다. 하루아침에 한 민족이 두 개의 서로 다른 국가로 나누어진 것이다. 이는 단순한 영토 분할을 넘어 정치, 경제, 사회 체제의 근본적인 차이를 의미했다.

두 독일의 대립은 점차 심화하였고, 특히 베를린은 이 대립의 최전선이 되었다. 동독에 둘러싸인 채 섬처럼 고립된 서베를린은 많은 동독인들에게 자유로의 탈출구 역할을 했다. 이에 위기감을 느낀 동독정부는 1961년 8월, 전격적으로 베를린 장벽 건설을 시작했다. 처음에는 철조망으로 시작된 이 장벽은 곧 콘크리트 벽으로 대체되었고, 독일 분단의 가장 상징적인 존재가 되었다.

이렇게 독일은 포츠담 회담의 결정으로부터 시작해 점진적으로, 그러나 불가피하게 두 개의 적대적인 국가로 분열되었다. 이 분단은 단순히 국경선을 그은 것이 아니라, 한 민족의 역사와 문화, 그리고 개개인의 삶을 갈라놓는 선이었다.

동독 대탈출

두 개의 독일 즉, 동독과 서독의 격차는 냉전 시대의 정치적 대립이 경제정책의 차이로 이어진 결과였다. 이 과정에서 미국의 정책이 중요한 역할을 했다.

1947년, 미국의 대통령 해리 트루먼^{Harry S. Truman}은 독트린^{Truman Doctrine}을 발표했다. 공산주의의 확산을 막기 위해 자유 민주주의

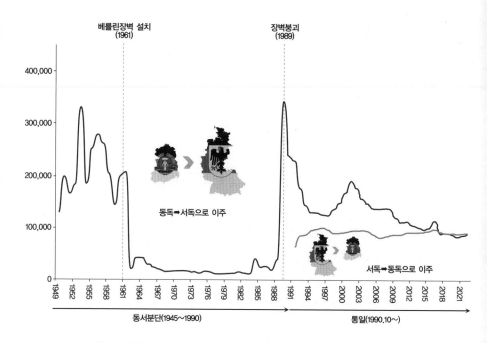

베를린장벽 설치
(1961)

장벽붕괴
(1989)

동독➡서독으로 이주

서독➡동독으로 이주

동서분단(1945~1990)

통일(1990.10~)

동독 탈출 인구 추이

동독의 대규모 인구 유출은 분단 이후부터 베를린 장벽 설치(1961) 전까지, 그리고 장벽
붕괴(1989) 이후 통일(1990) 초기에 집중적으로 발생했다.[42]

국가들을 지원하겠다는 이 선언은, 곧이어 발표된 유럽 경제 재건을 위한 대규모 원조 계획인 마셜 플랜Marshall Plan과 함께 서독의 운명을 바꾸는 전환점이 되었다. 트루먼 독트린이 정치적 기반을 제공했다면, 마셜 플랜은 실질적인 경제 지원을 제공한 것이다.

미국의 대규모 경제 원조는 서독을 빠르게 성장시켰는데, 대표적으로 '라인강의 기적'이라 불리는 경제 부흥을 이끌었다. 반면 소련의 영향 아래 놓인 동독은 계획경제의 굴레에 갇혔다. 경직된 체제는 동독의 발전을 제한했고, 두 독일 사이의 격차는 점점 더 벌어져 갔다. 그리고 이 차이는 곧 동독 대탈출의 도화선이 되었다.

동독 주민들의 서독 지역으로의 이주는 세 시기로 나눌 수 있다(지금부터 1990년 10월 3일 동서독 통일 전에는 '동독'과 '서독'으로 표기하고, 통일 후에는 '구동독'과 '구서독'으로 표기한다). 첫 번째 시기는 1949년부터 1961년까지로, "자유를 향한 대탈출"의 시대였다. 이 기간에 약 260만 명이 국경을 넘었는데, 이는 하루 평균 800명에 달하는 규모이다. 특히 1953년, 33만 명이 넘는 주민이 탈출했는데, 이는 동독의 민주화 운동이 소련군에 의해 무참히 짓밟힌 후의 절망적 반응이었다. 이는 마치 중소도시 하나가 통째로 사라진 것과 같은 엄청난 규모였다.

탈출한 이들은 주로 젊은 노동자, 지식인, 기술자들이었다. 그들은 동독의 미래였지만, 동시에 가장 먼저 체제의 모순을 깨달은 이들이기도 했다. 고급 인력의 지속적인 이탈로 동독지역에는 노약자나

미숙련노동자 등 상대적으로 경쟁력이 낮은 인구만이 남게 되었다. 동독 정부는 이러한 '두뇌 유출'에 크게 당황했다. 국가의 미래를 짊어질 인재들이 줄줄이 빠져나가는 상황은 동독 체제의 존립을 위협하는 수준이었기 때문이다.

이 시기 베를린은 동서독을 가르는 마지막 열린 문이었다. 특별한 검사를 받지 않았기 때문에 동베를린의 주민들이 서베를린에 있는 공장이나 사무실로 출근하기도 했다. 결국 동독 정부는 1961년, 극단적인 선택을 하게 된다. 바로 베를린 장벽의 건설이었다. 동독과 서독의 마지막 연결 통로를 차단한 것이다. 베를린 장벽은 놀라운 속도로 건설되었고, 동독 주민들은 이를 '사회주의의 기적'이라 비꼬았다.

두 번째 시기는 1961년부터 1989년까지로 '철의 장막' 시대였다. 베를린 장벽은 동독 주민들의 자유를 물리적으로 차단했다. 장벽 건설로 이주의 물꼬가 막히면서 이주민 수는 크게 줄어 약 60만 명에 그쳤다.

동독 정부는 월경 차단 장치와 지뢰 매설을 통해 국경을 철통같이 봉쇄했고, 주로 노인들에게만 서독 방문을 허용했다. 베를린 장벽 설치에 대한 국제적 비난을 의식하여 경제활동 능력이 없는 주로 연금 생활자인 노인들에게만 여행 허가를 발급하여 합법적으로 서독 방문을 허락하는 얄팍한 수였다.[43] 이는 젊은 층의 노동력 유출을 막기 위한 전략이었지만, 동시에 동독 주민들의 자유와 기본적 권리를 심각하게 제한하는 조치였다.

세 번째 시기는 1989년부터 1990년까지로 '통일의 물결' 속 대이동의 시기이다. 이는 1989년 5월 2일, 헝가리와 오스트리아 간 국경이 개방으로 새로운 탈출 경로가 열리면서 시작되었다. 이는 마치 오랫동안 막혀 있던 댐이 무너지듯 동독 주민들의 대규모 탈출을 촉발했다.[44] 그들은 헝가리, 체코, 폴란드에 있는 서독 대사관으로 몰려들었다. 이 시기의 이주는 1990년 7월 1일, 동서독 간 화폐·경제·사회 통합이 발효될 때까지 계속되었다.

이 당시 이동의 규모는 가히 충격적이었다. 1989년 5월부터 그해 말까지 약 31만 명의 동독 주민이 서독으로 이주했고, 1990년 전반기에만 23만 8천 명이 서독으로 향했다. 불과 1년여 만에 약 55만 명이 고향을 떠난 것이다. 이주자들은 주로 18세에서 25세 사이의 젊은이들이었고, 특히 젊은 여성의 비율이 높았다. 이들 중 상당수는 고등교육을 받은 의사, 엔지니어 같은 전문가들이었다. 동독의 미래를 짊어질 인재들이 대거 빠져나가는 상황이었다.

이주의 주된 동기는 경제적 요인에 있었다.[45] 통일 과정에서 동독 지역의 실업률이 급증했는데, 특히 여성의 실업률이 더 높았다. 국영기업의 붕괴로 많은 일자리가 사라졌고, 경제구조 조정 과정에서 여성들이 더 큰 타격을 받은 것이다.[46] 반면 서독은 임금이 높고 다양한 서비스업 등 일자리가 있는 기회의 땅으로 여겨졌다.

이러한 대규모 이주는 동독 지역에 심각한 영향을 미쳤다. 노동력의 유출로 경제성장의 동력이 크게 약화되었고, 내수 시장이 위축되었다. 그 결과 기업 성장이 둔화하고 노동 수요가 감소하는 악순환 고리가 형성되었다.[487] 특히 의료 서비스와 같은 필수적인 분야에서 전문 인력의 부족으로 인해 병원 등 주요 시설의 기능이 마비되는 상황까지 발생했다. 이는 사회 전체의 기반을 흔드는 충격이었고, 남아 있는 이들에게도 이주의 동기를 제공하였다. 즉, 이주의 도미노가 시작된 것이다.

1990년 7월 1일, 동서독 간 화폐·경제·사회 통합 조약이 발효되면서 상황에 변화가 생겼다. 법적·행정적인 측면에서 이주민Uber-siedler이라는 개념이 사라졌고, 이는 동독에서 서독으로의 대규모 이주가 서서히 감소하는 계기가 되었다. 1990년 10월 3일 공식적인 통일 이후, 구동독 지역의 경제가 점차 발전하면서 양 지역 간 불평등이 개선되기 시작했다. 그 결과 통일 초기에 나타났던 대량의 탈동독 현상은 점차 수그러들었다.

그러나 이주의 여파는 오래 지속되었다. 1998년부터 2001년까지 다시 이주가 증가했는데, 2001년에는 19만 명에 달했다. 이는 통일 특수가 끝나고 세계 경기 침체로 독일 경제성장이 둔화하면서, 동서독 간 경제력 격차가 지속될 것이라는 우려 때문이었다.[48] 다행히 이러한 상황은 오래 지속되지 않았다. 구동독 지역의 경제가 점차 안정을 찾으면서 이주자의 수도 다시 감소하기 시작했다.

2017년에 이르러서는 연간 이주자 수가 10만 명 미만으로 떨어졌다. 이는 동서독 간의 경제적, 사회적 격차가 점진적으로 해소되고 있음을 보여주는 증거이기도 했다.

통일, 인구 재편의 진통

통일 전부터 지속된 동독 주민의 대탈출은 동독 지역에 심각한 인구 위기를 초래하였다. 서독으로 탈출한 동독 주민의 수에 비해 동독으로 이주한 서독 주민의 수가 현저히 적었기 때문이다. 이는 동독지역의 인구 공백으로 이어졌다.

구서독 지역에서 구동독 지역으로의 이주는 통일 이후에야 본격화되었다. 이는 주로 '동독 부흥Aufschwung Ost' 정책에 따른 경제적 기회와 행정, 교육, 기업 부문의 인력 수요 때문이었다.[49] 그러나 그 규모는 1993년까지 33만 명 정도로, 구서독 지역 인구의 0.5% 정도에 불과했다.[50] 이는 동독에서 서독으로 이주한 인구의 총규모와 비교하면 매우 미미한 수준이었다.

이후 구동독 지역의 첨단기술 기업들이 인력난을 겪으면서 구서독 지역으로의 이주가 다소 줄어들었지만,[51] 구동독 지역으로의 이주

역시 감소했다. 결과적으로 구동독 지역의 인구 손실은 여전히 회복되지 못했다.

더욱 심각한 문제는 구동독 지역을 떠난 인구의 절반 이상이 젊은 층이었다는 점이다. 특히 젊은 여성의 대규모 유출은 출산율을 크게 낮추어 출생아 수 감소로 이어졌다.[52] 구서독 지역으로 이주한 동독 출신 젊은이들도 시장경제 체제 적응을 위해 결혼을 미루고 자녀의 수를 줄이려는 경향을 보였다. 즉, 구동독 지역으로부터 젊은 인구의 대탈출은 구동독 지역과 구서독 지역 모두에서 출산율을 낮추는 역할을 한 것이다.

이와 반대로 노화로 이동이 어려운 고령자들은 상대적으로 많이 구동독 지역에 남았다. 게다가 구동독 지역으로 이주한 인구의 연령대는 구서독 지역으로 이주한 인구에 비해 상대적으로 높았다. 구서독 지역에서 구동독 지역으로 이주한 사람들은 사회 경험이 있는 30대~50대로 새로운 사업을 시작하기 위해 이주한 경향이 높기 때문이다.

특히, 구동독 지역으로 이주한 인구 중 고령층이 급격하게 증가하여 많게는 3분의 2나 차지했다. 이들은 주로 과거 동독에서 서독으로 이주하였으나, 나이가 들어 다시 고향으로 되돌아오는 귀환 이주자이다.[53] 구동독 사회에서는 이들 귀환 이주자를 정신 나간 사람이거나 죄를 짓고 도망쳐온 범죄자, 일하기 싫어하는 사회 부적응자 등으로 간주하여 불신하기도 했다.[54] 실제 이들 중 사회주의 신념을 추구하여 귀환을 선택한 비율은 일부에 불과했고, 주로 가족과 친구에 대한 그리움 등 개인적 또는 가족적 이유가 컸다.[55] 이는 통일 이후 동서독 주민 간의 사회적 갈등과 편견을 보여주는 한 단면이기도 했다.

결국 구동독 지역에서는 인구 감소와 더불어 고령화가 보다 빠르게 진행되었다. 이는 노동력 부족, 연금 및 의료 시스템에 대한 부담 증가, 지역 경제 침체 등 다양한 사회경제적 문제를 일으켰다. 특히 농촌 지역과 소도시에서 이러한 현상이 두드러져, 지역 간 불균형 발전이라는 새로운 과제를 낳았다.

독일 도시의 운명

20세기 후반, 유럽의 많은 도시들은 예상치 못한 변화를 겪기 시작했다. 오랫동안 당연시되던 도시의 성장과 확장이 멈추고, 오히려 도시가 축소되는 현상이 나타난 것이다. 즉, "도시 수축urban shrinkage" 현상이 나타나기 시작했다.

도시 수축은 도시를 살아 있는 유기체에 비유하면 이해하기 쉽다. 마치 유기체가 자연스럽게 야위어가듯, 도시의 생명력이 서서히 약해지는 과정이다. 이는 단순히 인구가 줄어드는 현상을 넘어선다. 일자리가 사라지고, 경제적 기반이 약화되며, 물리적 환경이 악화되고, 사회적 활력이 저하되는 복합적인 과정이다. 이러한 변화는 도미노 효과처럼 연쇄적인 문제를 일으킨다. 주택 시장이 침체하고, 공공 서비스의 질이 저하되며, 세수가 감소한다. 결국 이러한 악순환으로 도시의 전반적 경쟁력이 약화한다.

수축하는 도시의 풍경은 황량하다. 공장이 문을 닫고, 빈 건물이 늘어나며, 젊은이들이 떠나가는 모습이 전형적이다. 한때 번영을 상징하던 산업 시설들이 흉물스러운 폐허로 남겨지는 경우도 많다.

독일의 도시들 역시 이러한 변화로부터 자유롭지 못했다. 그러나 독일에서 도시 수축은 서독 지역과 동독 지역에서 서로 다른 양상으로 전개되었다.[56] 이는 분단과 통일이라는 독특한 역사적 과정에서 비롯된 것이었다.

동독 지역의 도시들은 통일 이후 급격한 변화를 겪었다. 사회주의 계획경제에서 자본주의 시장경제로의 갑작스러운 전환은 많은 동독 도시에 큰 충격을 주었다. 대규모 실업과 서독 지역으로의 인구 유출로 인해 많은 도시가 급속히 쇠퇴했다.

반면 서독 지역의 도시들은 상대적으로 점진적인 변화를 겪었다. 이미 1970년대부터 시작된 탈산업화의 영향으로 일부 공업도시들이 서서히 쇠퇴하고 있었다. 그러나 이는 동독 도시들이 겪은 급격한 붕괴와는 그 성격이 달랐다. 이처럼 서로 다른 배경에서 시작된 동서독의 도시 수축은 각기 다른 양상으로 전개되었다.

동베를린의 칼-마르크스-알레
1950년대 동독이 사회주의 체제의 우월성을 과시하기 위해 건설한 대로로, 넓은 도로와
웅장한 건물들이 당시 동독의 도시계획을 잘 보여준다. 처음에는 스탈린 알레로 불렸으나,
1961년 칼-마르크스-알레로 개명되었다.

구동독 도시의
위기와 재생

1945년, 제2차 세계대전 직후 동독의 도시들은 극심한 파괴 상태에 놓여 있었다. 베를린, 드레스덴, 라이프치히 등 주요 도시들은 연합군의 폭격으로 건물 대부분이 파괴되거나 심각하게 손상되었다. 그로 인해 심각한 주택 부족 현상이 발생했다. 신혼부부들은 함께 살 집을 구하지 못해 별거해야 했고, 이혼한 부부조차 한 지붕 아래 살아야 하는 상황이 빈번했다. 이것이 바로 전후 동독의 현실이었다.

이러한 열악한 환경을 개선하기 위해 동독 정부는 도시 재건 프로그램에 집중했다. 1950년대 초기에는 '사회주의 고전주의' 스타일의 웅장한 건물들이 들어섰다. 동베를린의 칼-마르크스-알레Karl-Marx-Allee(당시 스탈린알레Stalinallee)는 마치 사회주의의 힘과 번영을 과시하는 듯했다. 그러나 이는 비용과 시간을 과도하게 소모하는 비효율적인 방식이었다.

1960년대, 동독 정부는 전략을 바꿨다. 빠르고 저렴하게 대량의 주택을 공급할 수 있는 플라텐바우Plattenbau라는 조립식 건축 방식을 도입한 것이다. 공장에서 찍어낸 듯한 동일한 콘크리트 패널들이 도시 곳곳에 세워졌다. 1973년 동독 정부는 "모든 이에게 집을!"이라는 슬로건 아래 야심찬 주택 건설 계획을 발표했다. 이에 따라 할레-노이슈타트Halle-Neustadt, 베를린-마르잔Berlin-Marzahn 같은 도시 외곽

동베를린 알렉산더플라츠^{Alexanderplatz} 조립식 건물

에 대규모 조립식 아파트 단지가 우후죽순 격으로 생겨났다. 중앙난방, 온수, 실내 화장실 등 당시로서는 최첨단 시설을 갖춘 이러한 아파트는 많은 동독 주민에게 꿈의 주거지처럼 여겨졌고 순식간에 인기를 끌었다.

그러나 1980년대 후반, 동독의 도시 정책은 심각한 부작용을 드러내기 시작했다. 도시 구조가 왜곡되어 대규모 아파트 단지, 산업 단지, 소규모 주택 지역이 서로 분리되는 '버뮤다 삼각지대' 현상이 나타났다. 이는 정상적인 도시 발전이 아닌, 계획경제의 한계를 보여주는 결과였다.

구도심의 방치는 더욱 심각한 문제였다. 새로운 주택 건설에 치중하는 동안, 19세기부터 20세기 초에 지어진 건물들은 급속도로 노후화되었다. 1988년 보고서는 충격적인 현실을 드러냈다. 동독 전체 주택의 51%가 불량하거나 사용이 불가능한 상태였던 것이다.[57]

이러한 모순은 심각한 주택 수급 불균형으로 이어졌다. 동독 정권 말기에는 45만 호의 주택이 비어 있는 반면, 77만 가구는 주택을 구하지 못했다.[58] 이 불균형은 사회적 불만을 고조시켰고, 1989년 '평화 혁명'의 한 요인이 되어 동독 체제 붕괴에 일조했다.[59]

획일적인 회색 콘크리트 건물들로 뒤덮인 도시 경관으로 주민들의 삶의 질이 낮아졌다. 더욱 아이러니한 것은 평등을 추구하던 사회주의 체제에서 새 아파트 배정 과정에 특혜가 생겨 사회적 불평등이 심화되었다는 점이다. 이 대량생산 방식의 주택 정책은 결국 동독 경

동베를린의 조립식 아파트 단지
1970년대 동독이 주택난 해결을 위해 대규모로 건설한 베를린–마르잔 지역의 조립식
아파트 단지이다. 규격화된 콘크리트 패널로 지어진 이 획일적인 건물들은 당시 동독의
주거 정책과 건축 양식을 잘 보여준다.

제에 큰 부담이 되었고, 체제에 대한 불만을 키우는 요인이 되었다.

 통일 이후, 구동독 지역의 도시들은 급격한 수축을 경험했다. 이는 사회주의 체제의 구조적 모순, 정책적 한계, 그리고 통일 후의 급격한 변화가 복합적으로 작용한 결과였다.[60]

 초기에는 구서독 지역의 자본과 기술을 바탕으로 고성장을 이룰 것이라는 과도한 기대감이 지배적이었다. 구서독 지역 수준의 도시 개발을 빠르게 달성하면 지역 간 격차도 해소될 것이라는 낙관적 전망 속에서, 정부는 구동독 지역의 경제 활성화와 도시 재개발에 총력을 기울였다. 그 결과 대규모 건설 사업이 전개되어 구동독 전역에 새로운 건물들이 빠르게 들어섰다.

 그러나 이러한 외형적 발전과는 대조적으로, 구동독 지역의 도시들은 예상치 못한 문제들과 마주하게 되었다. 가장 큰 문제는 대규모 인구 유출이었다. 통일 과정에서 많은 동독 기업들이 경쟁력을 잃고 문을 닫았다. 대규모 실업 사태가 발생했고, 일자리를 잃은 사람들, 특히 젊은 층과 여성들이 기회를 찾아 구서독 지역으로 떠나갔다. 일부 지역에서는 산업 일자리의 70%가 사라졌고, 실업률은 구서독 지역의 두 배에 달했다.[61]

 인구가 줄어드는데 오히려 새로운 건물들이 늘어나는 모순적인 상황으로 공실률이 급증했다. 1990년대에는 약 100만 채의 주택이 비어 있었고, 2000년대 초반 일부 도시의 공실률은 50%까지 치솟았다. 버려진 건물들은 도시의 활력을 떨어뜨리고 때로는 범죄의 온상이 되기도 했으며, 그로 인해 주민의 삶의 질이 떨어졌다.

통일로 인해 동독 주민들의 주거 선호도도 변화했다. 사회주의 시절에는 불가능했던 개인 소유의 단독주택에 대한 욕구가 폭발적으로 늘어났다. 이는 급격한 교외화suburbanization 현상으로 이어졌고,[62] 도심은 더욱 공동화되었다. 도시의 구조가 왜곡되면서, 기존의 도시계획은 그 효과를 잃어갔다.

통일 직후의 부동산 투기 열풍은 결국 투자 중단과 부동산 가치 하락으로 이어졌다.[63] 성장을 위한 무분별한 도시 확장이 오히려 구동독 지역의 도시들을 더 깊은 침체로 몰아넣은 셈이다. 지방정부는 늘어나는 공실과 줄어드는 세수로 재정적 어려움을 겪었다.

한편, 2000년대 들어 동독 도시들의 변화 양상에 주목할 만한 변화가 나타났다. 1990년대를 지배했던 급격한 교외화 현상이 둔화하기 시작했고, 일부 지역에서는 오히려 도심으로 인구가 회귀하는 현상이 관찰되었다. 이러한 변화는 통일 이후 지속된 대규모 인구 유출의 역설적 결과였다. 2000년대에는 출산율 저하와 구서독 지역으로의 높은 이주율이 맞물리면서 인구 감소 현상이 더욱 광범위하게 나타났다.[64]

인구가 심각하게 감소하면서 새로운 주거지나 상업 시설에 대한 수요가 줄어들었고, 이는 무분별한 도시 확장을 자연스럽게 억제하는 효과를 가져왔다. 동시에 기존 도심의 가치가 재조명받게 되었다. 빈 건물들과 유휴 공간들이 새로운 용도로 활용되기 시작했고, 적은 인구에 맞춘 효율적인 도시 구조의 필요성이 대두되었다. 이러한 변화는 동독 도시들이 '축소 도시'라는 새로운 현실에 적응해가는 과정을 보여준다. 무조건적인 성장이 아닌, 현실에 맞는 지속 가능한 발전 모델을 모색하기 시작한 것이다.

구동독 도시 소멸 위기 대처

독일 정부는 통일 이후 구동독 지역의 도시 수축 문제에 대응하기 위해 2002년 동부 재생Stadtumbau Ost 사업을 시작했다. 이 사업은 급격한 인구 감소로 인해 발생한 중소도시 도심의 주거 환경 노후화와 교외 대규모 주거단지의 공실 증가 문제를 해결하기 위한 것이었다.[65] 연방정부, 주정부, 지방정부가 공동으로 25억 유로라는 막대한 자금을 투입한 이 사업은 2023년까지 세 단계에 걸쳐 진행되었다.[66]

동부 재생 사업의 핵심은 '축소 도시shrinking cities' 전략이었다. 이는 기존의 도시 발전 패러다임을 완전히 뒤집는 혁신적인 접근법이었다. 도시가 끊임없이 성장해야 한다는 고정관념에서 벗어나, 도시의 물리적 규모를 의도적으로 축소하면서 동시에 삶의 질을 높이자는 아이디어였다.[67] 일종의 도시의 다이어트와 같은 것이다.

정부는 이 사업을 통해 도심과 교외에 서로 다른 전략을 적용했다.[68] 먼저 도심의 개선 프로그램Aufwertung[69]은 도시의 역사적 의미와 맥락을 최대한 보존하는 데 중점을 두었다. 노후화된 건물들을 무조건 철거하는 대신, 상태에 따라 보수하거나 개선하는 방식을 택했다. 또한 오래된 교회, 광장, 재래시장, 공원 등은 현대적 감각으로 재단장되었다. 특히, 주민의 삶의 질 향상에 중점을 두었다. 도심의 공공 공간에 대한 접근성을 높이기 위해 대중교통과 자전거 도로를 확충하고, 차량 속도를 제한했다.[70]

반면 교외 지역에는 재건 프로그램Ruckbau이라는 보다 과감한 처방이 내려졌다. 동독 시절에 지어진 대규모 조립식 콘크리트 아파트 단지들이 주요 대상이었다. 이들 획일적이고 삭막한 주거단지는 통일 후 급격히 공동화되어 도시의 골칫거리로 전락해 있었기 때문이다. 정부는 과감히 철거를 결정했다. 2002년부터 2010년까지 독일 동부 5개 주와 베를린 동부에서 무려 283,000채의 주택이 철거되었는데, 이는 해당 지역 주택 재고의 3%를 넘는 규모였다.[71] 철거된 자리에는 주민를 위한 공원, 녹지, 편의시설 등이 들어섰다. 획일적이던 도시 경관에 다양성과 생기를 불어넣은 것이다.[72]

대대적인 도시 재생 실험의 결과는 도시마다 달랐다. 드레스덴과 라이프치히 같은 도시들은 놀라운 변화를 보여줬다. 인구 감소세가 멈추고 오히려 증가세로 돌아섰다. 한때 떠났던 사람들이 되돌아오기 시작했고, 새로운 기업들이 자리를 잡았다. 그로 인해, 도시가 활성화되고, 주민의 삶의 질도 크게 향상되었다.

그러나 모든 도시가 같은 성과를 거둔 것은 아니었다. 프랑크푸르트 암 오데르, 게라, 츠비카우 같은 도시들은 30년이 지나도록 여전히 인구가 감소하고 있다.[73] 이는 도시 재생이 단순히 물리적 환경 개선만으로는 해결되지 않는 복잡한 문제를 가지고 있기 때문이다.

구서독 도시의 성장 이면의 그림자

구서독 지역의 도시 변화는 급속한 경제성장과 함께 시작되었다.[74] 1950년대 '경제 기적'으로 불리는 시기, 서독의 도시 경관은 크게 변모했다. 총인구는 1950년 5,100만 명에서 1960년 5,600만 명으로 증가했고,[75] 도시로의 인구 유입이 가속화되었다.

그러나 이 눈부신 성장의 이면에는 심각한 주택 부족 문제가 있었다. 도시 내부는 인구 과밀로 주거 환경이 열악해졌고, 주택 가격은 서민들이 감당하기 어려운 수준으로 상승했다. 좁은 공간에 여러 가구가 밀집해 사는 광경은 당시 서독 도시의 일상적 풍경이 되었다.

이에 대응하여 서독 정부는 대대적인 주택 정책을 실시했다. 단독주택 건설 보조금 지원과 도시 재개발 정책은 대규모 교외화를 촉진했다.[76] 1960년대부터 도시 외곽에 대규모 아파트 단지가 건설되기 시작했고, 1970년대에는 공공 보조금에 힘입어 건설 붐이 절정에 달했다. 이 시기에 지어진 주택단지들은 대부분 5층~26층의 조립식 고층 건물로 건설되었다.

동시에 자동차의 보급은 도시의 구조를 크게 변화시켰다. 승용차 수는 1950년대 초 100만 대에서 1960년대 중반 930만 대로 대폭 증가했고, 1953년에 제정된 연방고속도로법Bundesfernstraßengesetz에 따라 전국에 고속도로 네트워크가 구축되었다. 이는 도심에서 멀리 떨어진 곳에서의 거주를 가능케 하여 교외화 현상을 촉진했고, 그로 인해 도시의 외연적 확장이 가속화되었다.

그러나 이러한 성장의 시대는 오래가지 못했다. 1970년대부터 독일 경제의 중추였던 제조업 공장들이 점차 문을 닫기 시작했고, 특히 노르트라인 베스트팔렌주Nordrhein-Westfalen의 루르Ruhr 지역의 쇠퇴는 독일 경제에 큰 충격을 안겼다. 에센Essen, 도르트문트Dortmund, 뒤스부르크Duisburg 등 한때 "라인강의 기적"을 이끌었던 산업 도시들은 탈산업화의 여파로 극심한 경제 침체와 인구 유출을 겪어야 했다.[77]

1980년대 이후 본격화된 신자유주의 정책과 세계화의 영향으로 많은 기업들이 저렴한 노동력을 찾아 해외로 이전했고, 한때 번영을 누리던 공업 지대는 방치된 채 황폐화되었다. 도시는 점차 활력을 잃어갔고, 젊은 세대의 유출도 가속화되었다.

이 시기에 '도시 수축'이라는 새로운 도시 문제가 대두되었다. 동시에 교외화로 인한 도심 공동화와 슬럼화 문제도 심각해졌다.[78] 노인, 빈곤층, 그리고 1961년 동독 정부가 베를린 장벽을 세워 난민의 유입을 차단한 이후 늘어난 외국인 노동자들이 주로 도심에 남아 있었기 때문이다.[79]

한편, 과거에 주택난 해소를 위해 건설된 대규모 주택단지들도 심각한 문제를 드러내기 시작했다.[80] 기반 시설 부족, 사회주택의 과도한 집중으로 인한 '문제 가정'의 밀집, 획일적인 고층 건물로 인한 부정적 이미지 등 여러 문제를 드러냈다.[81] 경제 위기로 인한 정부 지원 축소는 이러한 문제들의 해결을 더욱 어렵게 만들었다.

21세기에 접어들면서 도시의 풍경은 새로운 국면을 맞이했다. IT, 금융, 문화 콘텐츠 등 지식 기반 서비스 산업의 성장은 도심에 새로운 활력을 불어넣었다.[82] 저출산·고령화로 인구 구조가 변화하고 서비스 산업 중심으로 경제구조가 재편되면서 도심에 관한 관심이 다시 높아진 것이다. 특히 젊은 세대를 중심으로 한 도심 회귀 현상, 이른바 '재도시화reurbanization'가 나타났다. 과거의 공업 지대에 첨단 기술 기업들이 자리 잡았고, 버려진 산업 시설들은 문화 공간으로 재탄생했다. 소셜 시티 프로그램과 같은 정책적 노력도 이러한 변화를 뒷받침했다.[83]

이처럼 서독의 도시들은 급격한 성장, 교외화, 쇠퇴, 그리고 '재도시화'라는 역동적인 변화의 과정을 거쳐 왔다. 최근에는 도시 외곽으로의 무분별한 확장이 둔화하는 대신, 도심 인근 지역을 중심으로 한 재개발, 이른바 '내부 교외화' 경향이 뚜렷하게 나타나고 있다. 이는 서독 도시들이 새로운 시대적 요구에 맞춰 계속 재구조화되고 있음을 보여준다.

도시 소멸 위기에 대처하는 구서독

서독의 도시들은 1960년대 후반부터 예상치 못한 도전에 직면하기 시작했다. "경제 기적"으로 불리던 급속한 성장의 시대가 저물면서, 도시가 계속 성장할 것이라는 믿음은 사라지고, 도시 수축이라는 새로운 현실이 드러났다.

도시 수축 문제가 공식적으로 인식된 것은 1972년이다. 당시 공간계획자문위원회는 출산율 감소와 교외화로 인한 도심 인구 감소 문제를 지적했다. 인구 감소가 대도시에 미치는 영향과 더불어 경제성장 둔화, 실업, 다양성 상실, 사회적 침식 등에 대한 우려가 증가하였기 때문이다.

서독의 대규모 수축 도시들 대부분은 독일 북부에서 발견되었다.[84] 서독의 도시 수축 대응 전략은 시기별로 "지역 재생"과 "적응 관리"에 초점을 맞추는 방향으로 변화했다.

서독 정부는 1971년 도시재생법^{Städtebauförderungsgesetz}을 제정했다. 이 법은 도심 주택 재고의 방치 문제를 해결하기 위해 기존 건물의 보존과 복원을 촉진하고, 노후화된 도심 주택의 재개발을 통해 물리적 환경을 개선하는 것을 목표로 하였다. 이 법을 바탕으로 대대적인 도시 재생 사업이 시작되었는데, 약 20년 동안 140억 유로라는 거금이 투자되어 낡은 건물들을 보수하고 도시 환경을 개선하는 데 사용되었다. 그러나 이러한 물리적 재생만으로는 도시 수축 문제를 해결하기에 역부족이었다.

　1980년대에 들어 문제의 심각성이 더욱 분명해졌다. 특히 루르 지역의 쇠퇴는 충격적이었다. 석탄과 철강 산업의 쇠퇴로 수많은 일자리가 사라졌고, 도시들은 급속도로 활기를 잃어갔다. 이제 단순히 건물을 고치는 것으로는 부족하다는 인식이 확산하였다.

　이러한 배경 속에서 1989년, 국제건축전시회(IBA) 엠셔파크 프로젝트가 시작되었다. 이는 산업 유산을 창조적으로 활용하는 새로운 접근법이었다. 당시 독일 중앙정부와 베스트팔렌주는 'IBA 엠셔파크 프로젝트'를 통해 기존 시설을 보전하면서 창의 문화 산업을 도입하는 전략을 추진했다. 버려진 공장은 문화 공간으로, 오염된 토양은 식물을 이용한 치유를 보여주는 교육 현장으로 재창조되었다. 이는 전형적인 건설 위주 정책과 차별화된 지역 고유 특성을 활용한 재생 방식으로 도시 재생에 대한 새로운 시각을 제시했다.

1990년 독일 통일은 서독 도시들에 새로운 도전을 안겨주었다. 구동독 지역으로부터의 대규모 인구 유입은 구서독 지역 도시들의 주택 시장에 큰 압박을 가했다. 급격하게 늘어나는 수요를 충족시키기에는 기존의 주택 공급이 부족했고, 주택 가격 상승과 주거 불안정이 발생했다. 특히 저소득층과 기존 서독 주민 사이에 주거 문제를 둘러싼 갈등이 증가했다.

이와 동시에, 1980년대부터 진행된 사회주택의 민영화 정책은 통일 이후 더욱 가속화되었다. 이는 저렴한 임대주택의 감소로 이어졌고, 주거비 부담이 증가하며 주거 불평등이 심화하였다. 또한, 통일 과정에서 구동독 지역의 산업구조 조정으로 인해 많은 동독 출신 노동자들이 실업 상태에 놓였다. 이들은 구서독 지역으로 이주했지만, 기술과 경험의 차이로 인해 좋은 일자리를 구하기가 어려웠다. 실업률 상승과 빈곤 문제는 구서독 도시들을 더욱 어렵게 만들었다.

이에 더해, 1990년대 초반 발칸반도의 정세 불안으로 인한 난민 유입, 그리고 지속적인 외국인 노동자들의 유입은 도시의 사회적 구성을 더욱 복잡하게 만들었다. 이는 문화적 다양성을 증가시켰지만, 동시에 사회 통합의 과제를 안겨주었다.

이러한 복합적인 요인들로 인해 1990년대 서독 도시들은 주택 공급 불안정, 사회주택 재고 감소, 사회적 불평등 심화, 실업 및 빈곤 문제 등 다양한 도전에 직면하게 되었다. 특히 이민자, 저학력자, 1인 가구 등 취약 계층의 어려움이 두드러졌다. 그로 인해 사회복지 수급자가 늘어나자 많은 도시들이 실태 파악을 위해 빈곤보고서 Armutsbericht나 사회보고서Sozialbericht를 발간하기 시작했다.

이러한 문제에 대응하기 위해 1999년 연방정부는 소셜 시티Soziale Stadt 프로그램을 시작했다. 이 프로그램은 단순한 물리적 재생을 넘어, 사회적 통합과 경제적 활성화를 포함하는 종합적인 접근을 시도했다. 특히, 1970년대~1980년대에 건설된 대규모 주택단지를 주요 대상으로 삼았다. 이들 지역은 물리적 노후화뿐만 아니라 실업, 빈곤, 사회적 배제 등 복합적 문제를 안고 있었다. 이는 1970년대 말부터 동유럽과 동남유럽에서 유입된 귀환자Spätaussiedler와 정치적 망명자들이 이곳에 집중적으로 배정되면서 사회문제가 심화한 데 따른 것이었다.[85]

1983년부터 시작된 연방정부 차원의 단지 현대화 프로그램은 초기에 오래된 도심 지역 재건에 자금을 투입했으나, 이후 함부르크-뮈멜만스베르크Hamburg-Mümmelmannsberg, 브레멘노이에 바르Bremen-Neue Vahr, 서베를린-마르키슈 비에르텔West Berlin-Märkisches Viertel 등 비교적 새로운 주택단지의 건물 현대화와 생활환경 개선에 투자되었다. 이들 단지는 1999년 소셜 시티 프로그램에도 포함되었다.[86] 이 프로그램을 통해 이웃 관리, 지역 일자리 창출, 이주민 언어 교육, 주거 환경 개선 등 지역사회 전반을 아우르는 재생 사업이 추진되었다. 특히, 이주민 사회 통합을 위한 조치가 강조되었다. 지방정부와 연방

정부 그리고 유럽연합이 다양한 지원을 제공했다. 가시적인 성과를 선호한 관계로 물리적 재생에 치우치는 한계도 있었다.

이와 같이 구서독 지역에서의 도시 수축은 단순히 물리적 환경의 문제가 아니라 사회경제적 격차와 불평등의 문제와도 밀접하게 연관되어 있었다. 그러나 물리적 재생과 함께 사회적 통합과 격차 해소를 위한 통합적 접근은 이루어지지 못했다.

▌소멸 위기에서 ▌탈출하는 도시들

독일의 인구 변동에 대한 시도는 중앙 차원에만 국한되지 않는다. 이는 각 지역의 인구 변동이 모여 만들어진 결과이기 때문이다. 지역의 인구는 출생률뿐 아니라 정치적, 경제적, 사회적 이유로 인한 인구 이동에 따라 결정된다. 현대 독일에서는 동서독 분단으로 인해 구동독 지역에서 대규모 인구 유출이 일어났고, 탈산업화 과정에서는 산업도시의 노동자들이 대거 떠나갔다. 여기에 장기화되는 저출산 현상으로 인해 현재는 물론 미래의 인구 감소까지 우려되는 상황이다. 이러한 시대적 흐름 속에서 인구가 감소하는 지역들이 빠르게 늘어나고 있다.

이들 인구 감소 지역들, 특히 도시들에서 수 세기 동안 수 대를 거쳐 살아온 주민들의 삶의 질이 위협받고 있다. 많은 인구가 집중되어 있는 도시에는 주택, 시장, 학교, 지역 서비스 등 많은 기반 시설이 건설되어 있는 만큼,[87] 인구가 감소하면 도시의 유지와 관리에 심각한 문제가 발생할 수밖에 없다.[88] 예로, 도시 인구 감소로 소비가 감소하고, 그로 인해 가게들이 문을 닫고 젊은 노동자들이 떠나면서 지역경제가 쇠퇴하고 있다. 주택, 상점, 공장 등 많은 부동산이 비거나 버려진 채 방치되며,[89] 이는 주변 부동산의 가치를 떨어뜨리고, 환경을 오염시키고 있다.[90] 세수가 감소하여 편의시설이나 공공 인프라를 계속 운영하기 어렵고, 또한 이용자가 줄어들어 효율성마저 떨어진다.[91] 버려지는 부지는 계속 확대된다.[92]

이와 같이 인구가 감소하면, 그로 인해 도시의 경제가 쇠퇴하고 공공 인프라 등 기반 시설이 붕괴되어, 그 도시에 남아 있는 시민들의 삶의 질은 악화될 수밖에 없다. 결국 인구가 감소하고 있는 도시의 시민들은 그곳을 떠나거나 아니면 황폐해지고 있는 환경을 감수하면서 살아가야 하는 선택을 해야 할 상황에 처하게 된다.

이러한 도전에 대한 독일의 시도는 '적응'이다. 일부 도시들은 이러한 인구 감소 문제를 해소하기 위해 일자리를 창출하는 등 경제를 다시 활성화하여 다른 지역들로부터 인구 유입을 유인하기도 하였다. 그러나 이러한 '인구 재성장regrowth' 정책은 한계가 있다. 독일 전체 인구의 증가세가 둔화하고 있으므로 한 지역에 인구 유입이 증가하면 다른 지역들의 인구가 감소하는 '풍선 효과'가 발생하는 데다, 산업 구조 등의 변화로 인해 외부 인구의 유입을 기대할 수 없기 때문이다.

결국 독일은 지역적으로는 인구 감소에의 '적응'을 그리고 전국적으로는 인구의 '지속가능성'이라는 투 트랙 전략을 채택하고 있다. 독일 도시들은 인구 감소에 적응하기 위해 도시 재생reurbanisation을 적용하며, 그 형태는 축소 도시, 스마트시티, 콤팩트시티 등이다.[93] 이중 스마트시티smart city는 첨단 기술을 활용해 적은 인구, 건물, 토지로도 효율적인 도시 운영을 추구하는 전략이다.[94] 말 그대로 '똑똑한' 도시를 꿈꾸는 것이다.[95] 그리고 콤팩트시티compact city는 교외에 주택을 구입해 무질서하게 확장된 상업지와 행정 서비스 등 필요한 생활 기능을 일정한 범위에 모아 효율적인 생활과 행정을 지향한다. 교외로 팽창하는 지금까지의 도시 구조에서 중심 거점으로 집약된 도시 구조로 전환하여, 인구가 감소해도 도시 기능과 지역의 활력을 유지할 수 있도록 하는 것이다.[96]

여기에서는 다름슈타트, 카셀 그리고 호이어스베르다의 성공 사례를 이야기한다. 이들 도시는 인구 감소에 적응하기 위하여 각자의 특수성에 적합한 방법을 적용하고 있다.

스마트시티 사례 ― 다름슈타트

독일 중부, 다름슈타트^{Darmstadt}는 헤센주에 위치한 인구 약 16만 명의 도시이다. 다름슈타트는 제2차 세계대전 후 복구 과정에서 기술대학과 마틸덴회헤^{Mathildenhöhe} 예술가 집단을 중심으로 정체성 재건을 시도했다. 20세기 후반 다름슈타트는 "무연 산업^{rauchlose Industrie}"이라 불리는 인쇄 및 출판 산업을 중심으로 경제를 재건했다. 그러나 1970년대 중반 출판 산업이 쇠퇴하면서, 다름슈타트는 과학과 기술 중심의 전략을 채택했다. 그 결과 다름슈타트 공과대학을 중심으로 다양한 소프트웨어 회사들이 설립되었고, 유럽우주운영센터, 유럽기상위성기구, 독일중이온연구소 등 국제 연구기관들이 이 도시에 자리를 잡고 있다.

2017년 다름슈타트는 독일 디지털경제산업협회의 디지털 시티 공모전에서 우승을 차지하며 본격적인 디지털화의 길을 열었다. 초기에는 기술과 디지털화에 중점을 둔 '디지털시티' 접근법을 취했으나, 점차 기술을 수단으로 활용하여 더 큰 목표를 달성하고자 하는 '스마트시티' 개념으로 발전하고 있다. 2019년 연방 내무부의 스마트시티 모델 프로젝트 지원 프로그램에 선정되어 '슬기로운 물 다름슈타트^{Schlaues Wasser Darmstadt}' 프로젝트를 시작했다.

프로젝트의 핵심 비전은 "물에 민감한 스마트시티"로, 지속가능성, 시민 참여, 삶의 질 향상 등을 포괄하는 더 넓은 목표를 추구한다. 이 비전을 실현하기 위해 데이터 기반 도시 수목 관개 시스템을 구축하고 있다. 이는 도시 전역의 어린 나무들에 토양 습도 센서를 설치하여 개별적인 물 관리를 실현하는 것이다. 3D 도시 모델을 확장하여 홍수 위험 분석을 수행하고 있다. 또한, 스마트 수영장 프로젝트로 여러 수영장에 센서를 설치하여 방문객 수, 수질, 공기 및 수온, UV 지수, 기상 위험 등의 정보를 실시간으로 제공하고 있다.

다름슈타트의 사례는 도시의 고유한 특성과 강점을 활용한 스마트한 도시 혁신의 모범을 보여준다. 이는 급변하는 사회에서 도시가 어떻게 적응하고 발전할 수 있는지 보여주며, 현재의 문제뿐 아니라 미래의 도전에 대비하는 방법을 제시한다.

콤팩트시티 사례 — 카셀

콤팩트시티는 도시를 조밀하게 재구성해 자원 사용을 최소화하고 보행 친화적 환경을 조성하는 전략이다. 이는 단순히 물리적 밀도를 높이는 것이 아니라, 도시 기능의 집약과 효율적 배치를 통해 인구 감소 상황에서도 도시 기능과 활력을 유지하는 것을 목표로 한다.[97] 이 전략은 교외화로 인한 도심 공동화 문제와 도시 운영의 비효율성을 동시에 해결하려는 시도였다. 마치 원룸에 사는 사람이 공간 활용을 극대화하는 것과 비슷하다.

카셀Kassel은 이러한 콤팩트시티 전략을 적용한 대표적인 도시다.

헤센주 북부에 소재한 인구 약 20만 명의 카셀은 전후 복구 과정에서 현대적 도시계획을 도입했다. 그러나 1990년대 이후 독일 통일과 세계화의 영향으로 산업구조가 급격히 변화하면서 도심 공동화와 교외화 현상에 직면했다. 특히 전통적인 제조업의 쇠퇴로 인한 일자리 감소는 젊은 인구의 유출을 촉발했고, 이는 도시 전체의 활력 저하로 이어졌다.

이러한 위기에 대응하기 위해 카셀시는 2008년부터 도심 재개발 프로젝트를 시작했다. 이 프로젝트의 핵심은 프리드리히-에버트 거리Friedrich-Ebert-Straße 일대 85헥타르 규모의 지역을 재활성화하는 것이다. 이 지역은 원래 주거, 상업, 문화, 여가 기능이 복합적으로 어우러진 곳이었으나, 1990년대 중반부터 상가 공실률 증가, 보행 환경 악화 등 쇠퇴 징후가 나타나기 시작했다.

카셀의 재생 전략은 크게 세 가지 측면에서 접근했다. 첫째, 도로 공간의 재구성을 통한 보행 및 자전거 친화적 환경 조성이다. 이는 자동차 중심의 도시 구조가 도심 활력을 저해한다는 인식에 기반한 것이다.

구체적으로, 프리드리히-에버트 거리의 기존 넓은 차도를 축소하고 보행자와 자전거 이용자를 위한 공간을 대폭 확충했다. 70그루 이상의 나무를 새로 심고 보도를 확장했으며, 자전거 전용도로를 신설했다. 특히 괴테 거리Goethestraße와 게르마니아 거리Germaniastraße에는 기존 차도를 없애고 넓은 보행자 전용 산책로를 조성했다.

둘째, 대중교통 접근성 강화로, 이는 도심으로의 접근성을 높여 유동 인구를 증가시키기 위한 것이다. 트램 노선을 개선하고 정류장을 무장애 설계로 재정비했다. 이를 통해 과거 자동차 중심이었던 도로가 보행자, 자전거 이용자, 대중교통이 조화를 이루는 공간으로 탈바꿈했다.

셋째, 지역 경제 활성화를 위한 지원으로, 이는 단순한 물리적 환경 개선을 넘어 실질적인 경제 활력을 되찾기 위한 노력이었다. 현장 사무소를 설치해 상가 공실 관리와 마케팅을 지원했고, 건물 외관 개선 사업을 통해 거리 전체의 미관을 향상시켰다. 또한 지역 상인, 예술가, 주민들과의 협력을 통해 다양한 문화 행사와 지역 홍보 활동을 펼쳤다.

이러한 노력의 결과, 프리드리히-에버트 거리 일대는 활기를 되찾기 시작했다. 보행 환경이 개선되면서 유동 인구가 증가했고, 이는 다시 상권 활성화로 이어졌다. 또한 주거 환경의 질적 향상으로 인해 젊은 층의 유입도 늘어났다.

카셀의 사례는 도시 축소에 직면한 도시들에게 새로운 발전 모델을 제시한다. 무분별한 확장이 아닌 기존 도시 자원의 효율적 활용과 기능의 집약을 통해 더 살기 좋고 지속 가능한 도시를 만들 수 있다는 희망을 보여주는 것이다. 이는 단순히 물리적 공간의 변화를 넘어, 도시의 사회경제적 활력과 삶의 질 향상으로 이어지는 진정한 의미의 도시 재생 방향을 제시한다.

축소 도시 사례 — 호이어스베르다

1955년, 동독 정부는 인근 갈탄 매장지 개발을 위해 슈바르체 펌페 콤비나트Schwarze Pumpe Kombinat라는 대규모 에너지 기업 집단을 설립했다. 이 콤비나트는 빠르게 성장하여 1980년대 후반 4만여 명의 노동자를 고용하는 거대 산업 단지가 되었다. 호이어스베르다Hoyerswerda는 바로 이 슈바르체 펌페 콤비나트의 배후 도시로 급속히 팽창하게 되었다. 대표적으로 1950년대~1970년대에 걸쳐 노이슈타트Neustadt라는 신도시가 건설되었다. 이 신도시의 규격화된 플라텐바우Plattenbau 아파트는 수만 명의 콤비나트 노동자들과 그 가족들을 수용할 수 있을 정도로 방대했다. 호이어스베르다 인구는 7만 명까지 증가했다.

그러나 1990년 독일 통일로 계획경제에서 시장경제로 급격하게 전환하면서 슈바르체 펌페 콤비나트를 비롯한 국영기업들이 해체되었고, 이는 갈탄 산업의 경쟁력 급락으로 이어졌다. 이에 호이어스베르다는 심각한 위기에 직면하게 되었다. 대량 실업 사태가 발생했고, 1990년대 후반까지 도시의 인구는 절반 수준으로 급감했다.

호이어스베르다는 통일 직후 시장경제로의 전환이 경제적 부흥을 가져올 것이라는 기대로 경기 회복과 새로운 투자 유치를 위한 성장 지향적 정책을 펼쳤다. 그러나 이러한 노력들은 현실적인 한계에 부딪혔다. 대규모 국영기업의 해체로 인한 산업 기반의 상실을 단기간에 극복하기는 어려웠고, 예상했던 대규모 투자 역시 실현되지 않았다. 인구 유출은 계속되었으며, 도시의 경제 상황은 좀처럼 개선되지 않았다. 성장에 대한 기대가 무너지면서, 호이어스베르다는 1990년대 후반부터 새로운 접근법을 모색하기 시작했다. 이는 곧 계획적 축소 전략으로의 선회로 이어졌다. 더 이상 과거의 영광을 되찾는 것이 불가능하다는 현실을 인정하고, 대신 축소된 규모에 맞춰 도시를 콤팩트하게 재구조화하는 방향으로 정책을 전환한 것이다.

1999년 호이어스베르다는 도시개발계획을 통해 축소 도시로의 전환을 본격화했다. 계획의 핵심은 장기적으로 5천 호 규모의 주택을 제거하는 것이었다. 이는 단순한 철거가 아닌 전략적 접근이었다. 과잉 공급된 주택을 정비하고 인구 밀도를 적정 수준으로 낮추는 동시에 확보된 여유 부지에 질 높은 신규 주택을 공급함으로써 추가적인 인구 유출을 막고 도시 재생의 발판을 마련하고자 했다.

2000년대 들어 호이어스베르다의 도시 축소 정책은 더욱 체계화되었다. 특히 연방정부가 구 동독 지역의 만성적인 주택 과잉 문제를 해결하기 위해 대규모 철거 계획을 추진하면서, 보다 과감한 도시 재구조화의 기회를 맞이하게 되었다. 호이어스베르다는 이를 적극 활용해 종합적이고 전면적인 축소 전략을 수립했는데, 이는 거시적 비전과 미시적 실천의 조화를 추구하는 것이었다.

새로운 전략의 핵심은 도시의 역사성과 정체성을 고려한 선택적 축소에 있다. 문화적 가치가 집약된 구시가지와 신도시 중심부는 보존하되, 외곽 지역은 단계적 축소 대상으로 지정했다. 이 과정에서 각 지구의 특성에 맞는 맞춤형 접근을 채택했다. 쇠퇴가 심각한 지역에 대해서는 과감한 전면적 철거를 통해 도시 구조를 재편했고, 부분적 쇠퇴가 진행 중인 지역에 대해서는 선별적 철거와 재구성을 통해 점진적으로 도시 환경을 개선했다.

이러한 호이어스베르다의 전략은 단순한 물리적 축소를 넘어서는 것이었다. 도시 규모는 줄이되 남은 공간의 질적 향상과 효율적 활용을 동시에 추구함으로써 축소를 새로운 기회로 전환하고자 했다.

이러한 종합적 접근은 2010년경부터 가시적인 성과를 보이기 시작했다. 주택 공실률이 5% 내외로 안정화되고 인구 감소세도 크게 둔화했다. 유럽의 난민 위기로 유입 인구가 늘어난 점도 주효했지만, 근본적으로는 물리적 축소와 함께 도시 생활 편익 시설 향상, 지역경제 회복, 시민 참여 활성화 등을 통한 내실 있는 정책 덕분이었다. 여전히 재정적 어려움 등 해결해야 할 과제가 남아 있지만, 호이어스베르다는 급격한 쇠퇴의 악순환에서 벗어나 지속 가능한 축소 도시로의 전환 가능성을 보여주었다.

호이어스베르다의 경험은 성장 일변도의 정책으로는 더 이상 대응하기 힘든 축소 도시의 현실을 명확히 보여준다. 호이어스베르다는 도시 축소를 단순한 위기가 아닌 재구조화의 기회로 인식하고, 장기적 비전하에 체계적인 전략을 수립했다.

이러한 접근은 축소 도시뿐 아니라 저성장 시대 도시정책 전반에 유의미한 함의를 제공한다. 성장의 한계를 인정하고 현실에 맞는 새로운 발전 모델을 모색하는 것 그리고 그 과정에서 주민의 삶의 질을 최우선으로 고려하는 것이 지속 가능한 도시 발전의 핵심이다.

가족의 진화인가 위기인가

결혼관의
변화

결혼은 오늘날 우리에게 사랑의 결실이자 개인의 자유로운 선택으로 여겨진다. 그러나 독일의 역사를 살펴보면, 이러한 인식이 형성되기까지 결혼의 의미가 얼마나 극적으로 변화해왔는지 알 수 있다.

중세 독일에서 결혼은 주로 경제적, 정치적 목적을 위한 도구였다. '전체 집Ganzes Haus' 개념 아래, 결혼은 단순히 두 개인의 결합이 아닌 두 가문의 경제적, 정치적 동맹을 의미했다. 이런 '전체 집'은 혈연 가족뿐만 아니라 하인, 도제 등을 포함한 하나의 생산 공동체였으며, 여기서 모든 구성원, 심지어 아이들까지도 노동력으로 동원되었다. 이러한 환경에서 결혼은 개인의 감정보다는 가문의 이익을 위한 도구로 여겨졌다.[98]

당시 가장 보편적이었던 후견결혼^{Muntehe}에서는 신부가 마치 거래 상품처럼 취급되었다. 신부의 의사와는 무관하게 그녀의 후견권^{Mun}이 아버지로부터 남편에게 이전되었고, 이 과정에서 지참금^{Morgeng-abe}이 오갔다. 14세기 이탈리아 작가 보카치오는 그의 저서 『데카메론』에서 "결혼은 두 사람이 사랑하는 마음으로 맺어지는 것이 아니라, 두 집안의 당사자들끼리 경제적 계약을 하는 것이다"[99]라고 했는데, 이는 당시의 결혼관을 정확히 반영한다.

그러나 이런 엄격한 사회 질서 속에서도 사랑을 쫓는 이들은 있었다. 연애결혼^{Friedelehe}이나 비밀결혼^{Winkelheiraten}은 신분의 벽을 넘어 사랑을 이루고자 하는 연인들의 마지막 수단이었다.

교회의 제재에도 불구하고 귀족들 사이에서는 연애결혼의 정신이 살아남았다. 18세기까지 귀족 남성들은 '왼손결혼^{Ehe zur linken Hand}'을 통해 신분이 다른 여성과 결혼하기도 했다. 결혼식에서 신랑이 왼손으로 신부의 손을 잡는 것은 정식 결혼이 아닌 일종의 사실혼 관계를 의미했다.[100] 우리가 잘 알고 있는 세기의 사랑을 쓴 셰익스피어 ^{William Shakespeare}(1564~1616)의 비극 『로미오와 줄리엣』은 비밀결혼의 극적인 예시를 보여준다. 두 집안의 반목을 뛰어넘어 사랑을 택한 젊은 연인들의 이야기는, 당시 사회에서 개인의 감정이 얼마나 큰 장애물을 마주해야 했는지를 잘 보여준다.

근대의 시작을 알리는 16세기 종교개혁은 교회의 부패를 고발하는 데 그치지 않고, 결혼 제도에도 혁명적 변화를 가져왔다.[101] 루터는 결혼을 "세속적이고 외적인 일"로 규정하여 교회의 통제에서 해방시켰다. 실제로 루터는 자신의 신념을 행동으로 옮겨, 전직 수녀 카타리나 폰 보라와 결혼했다. 이 사건은 당시 사회에 엄청난 파장을 일으켰고, 결혼에 대한 인식을 근본적으로 바꾸는 계기가 되었다.

그러나 이러한 급진적 변화에도 불구하고, 결혼의 실질적인 모습은 쉽게 바뀌지 않았다. 17세기까지도 많은 결혼, 특히 상류층에서는 여전히 가문의 이해관계나 정치적 동맹을 위한 수단으로 활용되었다. 개인의 감정보다는 사회적, 경제적 고려가 우선시되는 경우가 많았던 것이다.

18세기~19세기에 이르러 결혼의 의미는 또 한 번 큰 변화를 겪는다. 계몽사상과 낭만주의의 영향으로 '낭만적 사랑'이라는 새로운 개념이 등장했다. 이는 결혼을 개인의 감정과 선택에 기반한 결합으로 보는 시각을 제시했다. 이러한 변화는 법과 제도에도 반영되었다. 1794년 프로이센의 일반 란트법Allgemeines Landrecht은 결혼에서 당사자의 자발적 동의를 명시했다. 이는 개인의 선택권을 법적으로 인정한 중요한 진전이었다. 19세기 중반, 비스마르크의 "쿨투르캄프Kulturkampf(문화투쟁)"정책의 일환으로 1875년 시민결혼Zivilehe이 도입되었다. 이는 가톨릭교회의 영향력을 줄이고 국가의 권한을 강화

Zwischen Berlin und Rom.

Der letzte Zug war mir allerdings unangenehm; aber die Partie ist deshalb noch nicht verloren. Ich habe noch einen sehr schönen Zug in petto!

Das wird auch der letzte sein, und dann sind Sie in wenigen Zügen matt — — wenigstens für Deutschland.

베를린과 로마 사이

1875년 독일의 풍자 잡지 『클라데라다치Kladderadatsch』에 실린 이 삽화는
쿨투르캄프(문화투쟁) 시기, 프로이센 제국 총리 비스마르크(왼쪽)와 교황 피우스 9세
(오른쪽)의 체스 게임을 통해 결혼 제도를 포함한 문화정책을 둘러싼 프로이센과
가톨릭교회의 첨예한 대립을 보여준다. 체스 말들은 각각 국가의 세속화 정책과 교회의
대응을 상징한다.

하려는 목적에서 시행되었다.

그로 인해 결혼은 교회의 성사에서 국가가 관리하는 법적 계약으로 그 성격이 완전히 바뀌었다. 이는 결혼이 종교적 의미를 넘어 시민사회의 기본 단위로 자리 잡게 되었음을 의미한다.

이처럼 독일에서 결혼의 의미는 경제적 동맹에서 종교적 성사를 거쳐, 개인의 선택과 사랑의 표현으로 변화해왔다. 이러한 역사적 맥락은 현대 독일 사회의 결혼과 가족 형태의 다양한 변화를 이해하는 데 중요한 기초가 된다. 결혼 제도의 변천은 사회제도가 얼마나 근본적으로 변할 수 있는지, 그리고 그 변화가 얼마나 긴 시간을 필요로 하는지를 보여준다.

전통적 가족의 보편화

연애결혼 시대

독일의 결혼 역사를 보면 산업화를 기점으로 결혼의 모습이 크게 달라진다.[102] 중세에서 근대로 넘어오는 과정에서 '전체 집' 개념이 해체되고 핵가족 중심의 사회로 이행하면서, 결혼도 점차 개인의 선택 문제로 인식되기 시작했다.

산업화의 진전은 가족 구조와 기능의 변화를 초래했다. 신흥 부르주아 계급은 계몽사상과 낭만주의의 영향으로 개인의 선택과 사랑에 기초한 결혼을 이상적 모델로 삼았다. 이들은 결혼을 경제적 필요나 가문의 이해관계가 아닌, 개인의 감정과 선택에 기초해야 한다고 보았다. 이는 '결혼에서의 낭만적 사랑'이라는 새로운 이념의 등장을 의미했다.

임금노동의 확산은 개인에게 경제적 자립을 가능케 했다. 이는 부모의 권위에서 벗어나 자유로운 배우자 선택을 할 수 있는 토대가 되었다. 특히 도시에서는 직장, 학교, 사교 모임 등 만남의 장이 다양해지면서 연애결혼이 증가했다. 부부관계도 변화해, 과거의 '노동의 동반자'에서 '영혼의 동반자'로 그 의미가 확장되었다. 현대 미국 사회학자 스테파니 쿤츠Stephanie Coontz는 이를 '사랑의 혁명'이라 명명하며, 결혼의 근간이 경제적, 정치적 필요에서 사랑과 애정 관계로 전환되는 혁명적 변화로 평가했다.[103]

그러나 이러한 변화는 주로 부르주아 계급에 국한된 것이었다. 노동자 계급의 결혼은 여전히 경제적 필요에 크게 좌우되었고, 사랑보다는 생존이 더 절실한 문제였다. 즉, 결혼의 변화 양상은 계급에 따라 상당히 달랐다.

꿈의 '전통적 가족'

19세기 초반 산업화로 생산의 장이 가내 수공업에서 공장으로 이전되면서 전통적 가족 형태(모델)가 등장했다. 남성은 경제활동을 전담하는 생계부양자로, 여성은 가사와 육아를 전담하는 가정주부로 역할이 구분되었다.

당대 지식인들은 가정을 경쟁적 외부 세계와 대비되는 '피난처', '오아시스'로 미화했다. 이러한 이데올로기는 가정을 여성의 영역으로, 공공 영역을 남성의 영역으로 구분했다. 특히 중산층 여성들은 '가정의 천사'로 칭송받으며, 가사와 육아에 전념하는 어머니상을 체화해 갔다. 이에 따라 자녀는 더 이상 노동력이 아닌 교육과 애정의 대상으로 여겨졌고, 세계 최초 유치원인 '어린이의 정원Kindergarten'이 교육자인 프리드리히 프뢰벨Friedrich Fröbel(1782~1852)에 의해 1840년 독일 튀링겐주 바트블랑켄부르크Bad Blankenburg시에 설립되었다.

그러나 이러한 변화는 당시 인구의 5~16%에 불과한 특정 계층인 교육받은 부유한 중산층이나 상류층 부르주아 가정에 국한된 것이었다.[104] 노동자 가족의 현실은 여전히 궁핍과 불안정 속에 있었다. 산업자본주의의 착취 구조 아래 가족 구성원 모두가 뿔뿔이 흩어져 노동력을 제공해야 했고, 열악한 주거 환경은 가족 간의 유대를 어렵게 만들었다. 노동자 가족에게 부르주아의 가족애와 평등의 이념은 너무나 먼 이야기였다.

이처럼 계급에 따른 양극화는 가족의 의미와 역할에 대한 사회적 합의를 불가능하게 만들었다. 노동 계층 여성들은 열악한 노동 조건에도 불구하고 생계를 위해 일을 지속하면서, 한편으로는 중산층 여성들처럼 전업주부가 되고 싶은 꿈을 키웠다. 계급마다 처한 현실은 달랐으나, 전통적 가족 모델은 산업사회의 지배적인 이데올로기로 자리 잡았다.

19세기 후반 독일은 프로이센 수상 비스마르크의 '피와 철' 정책의 결과로 1871년 통일을 이루었고, 이에 탄력을 받아 산업화의 속도는 극적으로 빨라졌다. 이와 더불어 도시로의 인구 유입이 본격화되었는데, 도시화의 진전은 핵가족화로 이어져 남성 생계부양자 모델이 확산하는 큰 계기가 되었다. 여성은 가정 내 주부와 양육자로서 역할이 강조되었고, 이러한 성역할 구분은 1900년 민법과 나치 정권하에서 제도화되었다.

전시에는 남성 노동력 부족으로 여성의 사회 진출이 일시적으로 장려되기도 했다. 1908년 여성의 대학 진학 허용, 1918년 참정권 부여는 전후 여성운동의 토대가 되었다.

전후 독일 사회는 이른바 '결혼의 황금기'를 맞이한다. 전쟁으로 미뤄졌던 결혼이 급증하며 베이비붐이 일어났다. 경제 호황은 전통적 성역할 구분에 기초한 가족상을 강화하였다. 1930년대에 태어난 출생 코호트cohort 구성원 중 90% 이상이 평생 결혼 생활을 유지했으

며, 1960년대 초까지 대다수가 결혼 제도를 필수적으로 여겼다.[105]

1950년대와 1960년대의 변화 과정은 20세기 현대의 가족 모델이 확립되고 일반화되는 데 결정적인 역할을 했다. 전통적 가족 모델은 문화적 규범이자 기본 패턴으로, 지배적이고 대중적인 삶의 방식으로 자리 잡았다.[106]

다양성의 시대, 가족의 새로운 의미

1960년대 후반, 독일 사회는 급격한 전환기를 맞이했다. 역설적으로 1965년 유럽이 평화와 완전 고용, 생활 수준의 지속적 향상을 누리던 시기에 '인구학적 단절'이 발생했다. 전통적 가족 모델이 해체되고 다양한 가족 형태가 등장하면서, 가족의 의미와 역할에 대한 근본적인 재고가 이루어졌다. 이러한 변화는 결혼율, 출산율, 이혼율 등 인구학적 지표의 변화로 명확히 드러난다.

여성 도전 시대, 맞벌이

1960년대 후반 이후 서독 사회에서는 여성의 교육 수준 향상과 경제활동 참여 증가로 인해 전통적인 가족 모델(남편 경제활동, 아내

가정주부)은 서서히 해체되기 시작했다. 1950년대 후반부터 서독은 급격한 경제성장을 경험하며 대중소비사회로 진입했고, 1960년대에 들어서면서 전통적인 제조업에서 서비스 산업으로의 전환이 가속화되었다. 이러한 산업구조의 변화는 전문기술직, 관리직, 사무직 등 고학력 인력에 대한 수요를 급증시켰다.

1960년대 서독의 경제는 빠르게 성장했지만, 교육 체계는 여전히 소수 엘리트 중심의 낡은 틀에 머물러 있었다. 새로운 경제 상황이 필요로 하는 인재를 키워내기에는 역부족이었던 것이다. 특히 1961년 베를린 장벽이 세워지면서 동독으로부터의 인력 유입마저 끊기자, 고급 인력 부족 문제는 더욱 심각해졌다. 이러한 상황에서 1964년 독일의 철학자 게오르그 피히트Georg Picht(1913~1982)가 중요한 지적을 했다. 그는 서독의 교육 투자가 다른 유럽 국가들에 비해 턱없이 부족하다고 비판하는 한편, 교육 기회의 불평등 문제를 제기하며 '기회균등'의 필요성을 강조했다. 이는 곧 연방 차원의 교육개혁 논의로 이어졌다.[107] 그 결과 교육 기회가 확대되면서 여성들의 평균 학력 수준이 높아졌고, 1970년대에 활발해진 여성운동은 가부장제에 도전하며 여성의 사회 진출을 이끌어냈다.[108]

이에 발맞춰 가족법 개정도 이루어졌다. 1976년 제1차 결혼법Erstes Gesetz zur Reform des Ehe- und Familienrechts, 1. EheRG 개혁은 결혼 내 역할 분담에 관한 규정을 대폭 완화했다. 이제 여성은 남편의 허락 없이도 집 밖에서 일할 수 있게 되었고, 가정 의무와 양립이 가능한 범위 내에서 경제활동을 할 수 있게 되었다. 또한 친권 역시 남편의 독점물이 아닌 부부 공동의 권리와 의무로 재정립되었다.

한편, 동독에서는 사회주의 체제하에서 여성의 경제활동 참여가 국가정책으로 강력히 추진되었다. 동독 정부는 여성해방을 사회주의 혁명의 중요한 과제로 인식하고, 여성들을 '생산력'으로 편입시키고자 했다. 이에 따라 1949년에 동일 임금과 직업을 보장하는 남녀 동등권이 법으로 제정되었다. 이는 단순히 이념적 선언에 그치지 않았다. 베를린 장벽 건설 이전 많은 동독인의 서독 이주로 인한 만성적 노동력 부족은 여성의 경제활동 참여를 필수 불가결한 과제로 만들었다.

1950년대 후반부터 시행된 여성 고용 확대 정책의 결과, 1960년대 중반에는 여성 노동력의 약 70%가 경제활동에 참여했다. 1980년대 후반에 이르러서는 기혼 여성의 경제활동 참가율이 90%에 육박했다. 동독에서 경제활동을 하지 않는 여성은 극히 드물었다. 신체에 장애가 있는 자, 병을 앓고 있는 자, 집에서 간호가 필요한 사람이 있는 경우 등 특수한 상황에만 예외가 인정되었다.

흥미로운 점은 미성년 자녀가 3명 이상일 경우에만 부부 중 한 명이 가정에 머무를 수 있었으며, 국가는 이를 완전 근무로 인정하여 수당을 지급했다는 것이다.[109] 노동을 강제로 동원한 것은 아니었지만, 노동에 참여하지 않는 사람은 국가로부터 어떠한 혜택도 받을 수 없었다. 이는 "노동하지 않는 자, 먹지도 말라"는 사회주의 이념을 철저히 실천한 결과였다.

국가는 여성의 경제활동 참여를 장려하기 위해 다양한 지원 정책들을 추진했다. 출산 및 육아 휴가 제도를 확충하고, 탁아소와 유치원을 대대적으로 설립하여 취학 전 아동의 집단 보육 체계를 구축했다. 그 결과 1980년대 후반에는 취학 전 아동의 80% 이상이 보육 시설을 이용하게 되었고, 유치원 취원율은 거의 100%에 이르렀다.[110] 이는 당시 서구 국가들과 비교해볼 때 매우 높은 수준이었다.

그러나 여성의 경제활동 참여 증가가 곧바로 성평등의 실현으로 이어진 것은 아니었다. 겉으로 보기에 남녀평등 사회를 이룬 것처럼 보였지만, 실상은 달랐다. 여성만을 대상으로 하는 동독 정부의 정책은 오히려 여성에게 직장에서의 노동과 가정에서의 가사 및 육아를 동시에 담당해야 하는 이중 부담을 안겨주는 결과를 낳았다. 노동 장려가 육아와 가사 부담의 해방을 의미하지는 않았기 때문이다.

통일 직후 동독 지역은 급격한 체제 전환으로 인해 여성 실업이 급증하는 등 노동시장의 큰 변화를 겪었다. 그럼에도 불구하고, 여성 경제활동 참가율과 맞벌이 가구 비중은 꾸준히 서독보다 높은 수준을 유지했다. 1991년 서독 여성의 경제활동 참가율은 54.3%였던 데 반해, 동독은 66.2%에 달했다. 이는 여성의 경제력과 자립 의식이 동독 지역 가족문화의 특성으로 깊이 뿌리내렸음을 보여주는 증거이다.

특히 주목할 점은 동독식 보육 시스템이 통일 후에도 유지되면서 기혼 여성들의 노동시장 잔류를 뒷받침했다는 것이다. 그 결과 1990년대 초반까지도 구동독 지역에서 취업모의 비율은 구서독 지역에 비해 거의 두 배로 높았다. 2000년 구동독 지역 취업모의 비율은 71%(이중 전일제 75%)로, 구서독 지역의 49%(이중 전일제 35%)를 크게 앞질렀다. 이는 사회주의 시기를 거치며 형성된 구동독 지역 여성들의 경제적 자립 의식과 맞벌이 문화가 통일 이후에도 강하게 지속되고 있음을 보여주는 대목이다.

결론적으로 산업화와 여성의 사회 진출이라는 거시적 흐름 속에서 전통적 성별 분업에 기초한 가족 형태(모델)는 동서독 지역 모두에서 해체의 과정을 겪었고, 그 결과 맞벌이 가구가 보편화되었다. 그러나 그 변화의 속도와 양상에는 주목할 만한 차이가 있었다. 서독이 1970년대 이후 점진적인 변화의 궤적을 밟았다면, 동독은 국가 주도의 정책을 통해 매우 급진적이고 압축적인 변화를 경험했다. 이는 자본주의와 사회주의라는 서로 다른 체제적 조건이 빚어낸 결과였다.

통일 후에도 이런 차이는 쉽게 사라지지 않았다. 구동독 지역에서는 여전히 구서독 지역에 비해 여성의 경제활동 참가율이 높고, 맞벌이 가구가 많은 편이다. 이는 통일 이전 동독 사회의 유산이 지속되고 있음을 보여준다. 구동독 지역의 가족문화는 오늘날에도 구서독 지역과는 사뭇 다른 모습을 유지하고 있는 셈이다.

보편화된 이혼

제2차 세계대전 전후 서독 사회는 전통적 가족 가치관이 강하게 작용하였다. 그로 인해 이혼은 매우 제한적으로 이루어졌다. 1950년 대~1960년대는 '결혼의 황금기'라 불릴 만큼 결혼 제도를 신성시했던 시대였다. 이혼에 대한 사회적 낙인이 강했고, 여성의 경제적 자립도가 낮아 이혼은 쉽지 않은 선택이었다.

그러나 1970년대 들어 여성운동이 활성화되고 여성의 사회진출이 증가하면서 이혼에 대한 인식이 서서히 변화하기 시작했다. 1977년 이혼법이 '유죄 원칙'에서 '파탄주의 원칙Zerrüttungsprinzip'으로 개정되면서 이혼이 훨씬 수월해졌다. 결혼 생활의 근본적이고 치유 불가능한 파탄이 이혼 사유로 인정되기 시작한 것이다. 개정된 독일 민법은 1년 이상 별거 후 합의이혼, 3년 이상 별거 시 일방의 이혼 청구를 허용했다. 이는 당대 가족상의 급격한 변화를 반영하는 동시에 이를 가속하는 계기가 되었다.

반면 동독에서는 사회주의 이념에 따라 1960년대부터 이미 전통적 가족 모델의 해체가 진행되고 있었다. 여성의 경제활동 참여가 급증하면서 경제적 자립도가 높아졌고, 국가가 육아를 전담함으로써 여성이 결혼 생활에 얽매이지 않고 이혼을 선택할 수 있는 환경이 조성되었다.

동독 정부는 1965년 가족법Familiengesetzbuch을 제정하여 이혼 절차를 대폭 완화했다. 부부 중 한쪽이 이혼 의사를 밝히고 결혼이 파탄에 이르렀음을 증명하면 이혼이 성립되었다. 쌍방이 이혼에 합의하고 자녀 양육, 재산 분할 등에 대해 협의가 이루어지면 별도의 조정 없이 이혼이 승인되었다. 이는 당시로서는 매우 진보적인 제도였다. 서독은 물론 미국에서도 1970년대에 들어서야 유사한 법체계가 도입되었다는 점에서 동독의 이혼법이 얼마나 앞서 있었는지 알 수 있다.

이러한 법 개정의 결과, 동독의 이혼율은 급격히 증가했다. 법이 시행된 1965년에만 이혼 건수가 전년 대비 150% 증가했다. 1970년대 들어서는 동독의 이혼율이 서독의 거의 두 배에 달했고, 이후에도 계속 상승하여 당시 사회주의 국가들 중에서도 가장 높은 수준을 기록했다.[111]

동독의 이러한 기조는 여성의 자유와 권리 신장에 기여한 진보적 조치였다는 평가를 받는다. 국가가 이혼에 적극적으로 개입하지 않음으로써 여성이 자신의 삶을 스스로 결정할 수 있는 기반을 마련했기 때문이다. 이는 개인의 선택권을 중시하는 현대 사회의 가치관과도 부합하는 측면이 있다. 결과적으로 동서독의 이혼법 변화는 각각의 체제와 이념을 반영하면서도, 궁극적으로는 개인의 선택권 확대라는 같은 방향으로 수렴되어갔다. 이는 가족 형태의 다양화와 개인의 자유로운 선택을 중시하는 현대 사회의 흐름을 보여준다.

결혼의 대안, 동거

1960년대 중반부터 독일 사회에서 결혼과 가족에 대한 인식이 크게 변화하기 시작했다. 무엇보다도 가장 큰 충격을 준 사건은 프랑스에서 시작된 68혁명이었다. 68혁명은 단순한 학생운동이 아니라 제2차 세계대전 이후 경제성장과 함께 성장한 젊은 세대가 기성세대의 권위주의와 보수적 가치관에 도전한 광범위한 사회운동이었다. 베트남전쟁에 대한 반전운동으로 시작되어, 곧 기존의 모든 사회규범과 제도에 대한 비판으로 확대되었다. "금지를 금지하라"는 구호는 이 운동의 본질을 잘 보여준다.

특히 68혁명은 독일에서 큰 반향을 일으켰다. 나치 시대의 유산을 청산하지 못한 채 경제 발전에만 집중했던 독일 사회에 대한 젊은 세대의 분노가 폭발한 것이다. 이들은 부모 세대의 침묵과 위선을 비판하며, 과거사 청산과 함께 더 개방적이고 평등한 사회를 요구했다.[112]

이 운동은 가족과 결혼 제도에 대한 인식에도 커다란 변화를 일으켰다. 전통적인 가부장제와 결혼 제도는 비판의 대상이 되었고, 만혼과 비혼, 동거 그리고 성적 자유에 대한 긍정적 시각이 확산하였다.[113] 과거 전통적 결혼 규범의 테두리 밖에 있던 동거는 이 시기 급속도로 늘어나며 새로운 파트너십의 형태로 자리매김했다.

서독에서는 결혼 전 동거 경험이 급증했다. 1950년대에는 겨우 4%에 불과했던 결혼 전 동거 경험 비율이 1980년에는 무려 85%로 치솟았다.[114] 특히 대학생들 사이에서 제도적 구속에서 벗어난 자유로운 연애와 동거가 유행처럼 번졌다. 이는 법적 변화로 이어졌다. 1970년대 연방대법원이 혼외 성관계를 더 이상 "선량한 풍속 위반"으로 간주하지 않기로 판결한 것은 동거에 관한 국가의 입장이 변화했음을 상징적으로 보여준다.

그러나 1980년대 초반까지 동거 커플에 대한 사회적, 제도적 차별은 여전히 존재했다. 보수적 기성세대를 중심으로 동거에 대한 부정적 인식이 여전히 남아 있었고, 법적 및 제도적 차별도 존재했다. 1980년대 초반까지 대부분 회사는 동거 커플에 대한 주택 임대를 거부하곤 했다. 그러다 1980년대 후반부터 이런 차별의 벽이 서서히 허물어지기 시작했고, 동거는 결혼의 대안으로 자리 잡아갔다.

한편 동독에서는 1970년대 중반부터 비혼 동거가 젊은 세대를 중심으로 확산하기 시작했다. 사회주의 체제하에서의 종교 약화와 개인주의 강화, 그리고 정부의 출산 친화적 정책이 이러한 변화를 촉진했다. 출산율 제고를 위해 정부는 미혼모에 대한 지원책을 펼쳤는데, 1976년 도입된 '베이비자르Babyjahr' 정책이 대표적이다.[115] 이 정책은 미혼모에게 출산 후 1년간 유급휴가를 주는 반면, 기혼 여성에게는 둘째 아이부터 같은 혜택을 줬다. 그 결과, 전략적으로 미혼모를 선택하는 여성들이 늘어났다.[116] 1970년에 13%였던 혼외 출생아 비율이 1980년에는 23%로 크게 늘었다.[117]

1980년대 후반에는 주택 정책의 변화도 동거 확산을 부추겼다. 그전까지는 주택을 배정받으려면 결혼이 필수적이었으나, 주택 부족 문제가 해결되면서 미혼 커플도 주거 배정을 받을 수 있게 된 것이다. 이는 젊은이들이 결혼이라는 제도에 구애받지 않고 자유롭게 동거할 수 있는 물적 토대가 되었다.[118] 그 결과 1980년대 말 동독에서는 동거 가구가 급속히 늘어났고, 동거 가구 내 자녀가 있는 비율도 아주 높아졌다. 당시 동독의 혼외 출생률은 30%에 달해 유럽에서 가장 높은 수준을 기록했다.[119] 불과 20년 사이 동독 사회는 비혼 동거와 혼외 출산이 일상화된 모습으로 급격히 변모한 것이다.

통일 이후, 동서독의 가족 변동 양상은 차이를 보였다. 구동독 지역에서는 경제적 불안정으로 인해 결혼과 출산 기피 현상이 나타났다. 1990년에 57%였던 20대~30대 기혼율이 2000년에는 19%로 급락했다. 대신 혼외 출산은 더 늘어나 50%를 넘어섰다. 여기에 통일 후 서독의 법체계를 따르게 되면서 이혼 시 경제적 불이익이 커질 것이라는 우려도 결혼 기피 현상을 부추겼다.[120]

반면 구서독 지역에서는 상대적으로 안정적인 변화를 보였다. 1990년에 43%였던 20대~30대의 기혼율이 2000년에는 29%로 낮아졌지만, 구동독 지역의 급격한 변화에 비하면 안정적인 수준이었다. 혼외 출산도 20% 정도로 유지되었다. 이는 68운동 이후 서서히 퍼진 개인주의적 가치관이 영향을 미친 결과로 볼 수 있다.

동서독은 서로 다른 길을 걸어왔지만, 시간이 흐르면서 두 지역 모두 비혼 동거와 혼외 출산을 자연스럽게 수용하게 되었다. 흥미롭게도, 혼외 자녀를 둔 상태에서 결혼하는 비율이 꾸준히 증가했다. 1971년부터 2016년까지 이 비율이 구서독 지역에서는 3%에서 18%로, 구동독 지역에서는 10%에서 35%로 높아졌다. 이는 제도적 결혼과 별개로 비혼 동거가 안정적인 가족 형태로 자리 잡아가고 있음을 보여준다.

현대 독일 사회에서 동거는 이제 보편적인 삶의 방식이 되었다. 특히 젊은 세대에게는 일종의 '통과의례'로 여겨진다. 대학 진학이나 취업과 함께 부모 집을 떠나 동거를 시작하는 것이 일반적이며, 평균적으로 여성은 21.5세, 남성은 25세 무렵에 독립한다. 이는 단순한 관습이 아닌 합리적 선택의 결과다. 동거를 통해 파트너와의 일상을 경험하고, 그 경험을 토대로 결혼 여부를 결정하는 것이다.

부모 세대의 인식 변화도 주목할 만하다. 과거에는 혼전 동거를 부정적으로 여겼던 부모들이 이제는 오히려 권장하기도 한다. 이는 동거를 통해 자녀의 잠재적 배우자를 미리 파악할 수 있는 기회로 보는 실용적 관점의 반영이다.

경제적 현실 역시 동거 선택의 중요한 요인이다. 길어진 교육 기간과 불안정한 취업 시장 속에서 동거는 경제적 부담을 분산시키는 합리적 대안이 되었다. 이는 변화하는 사회 환경에 대한 젊은 세대와 부모 세대 모두의 적응 전략으로 볼 수 있다.

법 제도 또한 이러한 사회적 변화를 반영하고 있다. 2001년부터 시행된 등록파트너십법Gesetz über die Eingetragene Lebenspartnerschaft은 동거 커플에게도 기혼 부부에 준하는 법적 권리를 보장한다. 2013년 개정된 민법은 동거 커플 사이에서 태어난 자녀에게도 혼인 가정의 자녀와 동등한 양육권을 부여했다. 이는 다양한 가족 형태를 인정하는 사회적 흐름을 법적으로 수용한 결과다.

그러나 이러한 변화가 결혼의 가치를 완전히 부정하는 것은 아니다. 여전히 많은 이들, 특히 30대 이상에서는 결혼을 중요한 인생 목표로 여긴다. 다만 이제 결혼은 유일한 선택이 아닌, 여러 선택지 중 하나가 되었다.

현대 독일 사회는 개인의 다양한 선택을 존중하면서도 전통적 가치를 완전히 버리지 않는, 유연하고 포용적인 가족 문화를 만들어가고 있다. 동거의 증가는 단순한 가치관의 변화가 아닌, 변화하는 사회경제적 환경에 대한 합리적이고 실용적인 대응으로 이해할 수 있다.

결혼의 역설

현대 독일 사회에서 결혼 제도는 커다란 변화를 겪고 있다. 이는 단순한 제도적 쇠퇴가 아닌, 사회 구조와 가치관의 근본적 변화를 반영하는 복합적 현상이다. 1986년 울리히 벡Ulrich Beck이 펴낸 저서인 『위험사회Risikogesellschaft』는 이러한 변화를 이해하는 핵심적 통찰을 제공한다. 개인화Individualisierung 과정은 개인에게 더 큰 자유와 선택권을 부여하지만, 동시에 새로운 형태의 위험과 책임을 개인에게 전가하는 결과를 낳는다. 이제 이혼이나 결혼의 실패는 더 이상 사회구조적 문제로 여겨지지 않고 전적으로 개인의 책임으로 해석되는 '사회적 불평등의 개인화' 현상이 나타나고 있는 것이다.

이러한 맥락에서 결혼은 더 이상 필연적인 삶의 과정이 아닌, 개인의 선택이 되었다. 이는 사회 전반에 균일하게 나타나지 않는다. 계층과 생애주기에 따라 개인화의 영향은 서로 다르게 발현되며,[121] 결혼 패턴의 다양화로 이어진다.

베커가 주장한 '가족생활 방식의 다원화'는 이러한 변화의 결과를 설명하고 있다.[122] 결혼의 감소, 출산율의 하락, 혼외 출산의 증가는 이러한 다원화의 구체적 증거이며, 특히 주목할 만한 점은 결혼, 성, 출산 간의 관계 재정립이다.[123] 과거 결혼이 성관계와 출산의 유일한 정당성을 부여하는 통로였다면, 현재는 이들이 독립적인 선택의 영역으로 자리 잡았다.[124] 이는 결혼과 가족에 대한 전통적 지배적 위치가 약화하고 있음을 말해준다.

그러나 이러한 변화가 결혼 제도의 종말을 의미하는 것은 아니다. 한편으로 결혼의 전통적 의미와 중요성은 약화하고 있지만, 다른 한편으로 결혼은 새로운 의미와 중요성을 획득하고 있다. 특히 성소수자들에게 결혼은 평등과 인권의 강력한 상징으로 부상하고 있다. 성소수자들에게 결혼은 관계에 대한 사회적 인정과 법적 보호를 얻는 열쇠와 같다. 2017년 독일의 동성 결혼 합법화는 이러한 역설적 현상을 잘 보여준다. 여기서 결혼의 역설이 드러난다.

이는 결혼이 단순한 개인의 선택이나 가족 구성을 넘어, 사회적 인정과 법적 보호의 수단으로서의 전통적 역할을 유지하면서도, 동시에 사회적 평등과 다양성의 상징으로 그 의미가 확장되고 있음을 보여준다. 결혼 제도는 개인의 권리와 사회적 가치관의 변화를 반영하는 유연한 메커니즘으로 진화하고 있는 것이다.

결혼의 역설적 변화는 결국 그 본질적 의미에 대한 근본적인 질문을 제기한다. 독일에서는 전통적 결혼 제도의 영향력이 약화되는 한편, 개인의 선택과 가치관을 존중하는 새로운 패러다임이 자리 잡고 있다. 이는 결혼이 고정불변의 제도가 아니라, 사회의 요구와 인식에 따라 유연하게 변화하는 살아 있는 제도임을 보여준다.

빠르게 변화하는 결혼 제도는 그 존속에 대한 의문을 제기하게 한다. 그러나 역사적으로 결혼은 사회 변화에 적응하며 그 형태와 의미를 계속해서 재정립해왔다. 결혼의 모습은 시대와 문화의 요구에 따라 다양하게 나타나겠지만, 결혼 제도는 앞으로도 개인, 가족, 그리고 사회의 관계를 정의하는 중요한 축으로 존재할 것이다.

게르만족 멸종 위기

█ 68혁명과
█ 출산 가치관 변화

독일의 출산율 변화는 역사적 맥락과 사회적 변화와 밀접하게 연관되어 나타난다. 독일 제국 시대부터 시작된 저출산 문제는 나치 독일 시기에 다소 회복되었으나, 동서독 분단 이후 다시 하락세로 접어들었다. 이는 단순한 수치의 변화가 아니라, 독일 사회의 변천사를 반영하는 중요한 지표라고 할 수 있다. 동독과 서독의 여성들은 서로 다른 삶의 환경에서 출산 행태도 각각 다른 패턴으로 변화하였는데, 이는 두 체제의 차이를 극명하게 보여주는 예시이다.

분단 후 1970년대 초반까지 동독과 서독 출산율은 유사한 궤적을 보이며 변화했다. 두 지역 모두 출산율이 자연 대체 수준(합계출산율 2.1명)보다 높았으며, 1950년대 후반부터 1960년대까지는 서독의 출산율이 근소하게 높았다. 이 시기는 전후 복구와 경제성장이 이루어지던 때로, 양측 모두 비교적 안정적인 출산율을 유지했다.

그러나 이러한 균형은 1968년 발생한 사회변혁 운동인 68혁명을 기점으로 크게 흔들리게 된다. 독일 제국의 시기에 '고출산-저사망'에서 '저출산-저사망'으로의 인구 전환이 시작된 상황에다 68혁명의 영향이 추가되면서 출산율 회복은 더욱 요원해진 것이다.

68혁명의 영향으로 가족과 결혼 제도에 대한 인식이 비판적으로 변화하고, 만혼과 비혼, 동거 등 새로운 생활양식이 증가했다. 게다가 성적 자유와 여성의 권리가 강화되고 피임약까지 보급되면서 성과 출산 간 분리가 가속화되었다. 이는 독일 사회를 지배하는 가치관이 근본적으로 변화하고 있음을 의미하며, 그 영향으로 출산율이 급격하게 낮아졌다.

사실 68혁명의 영향은 동독과 서독에서 서로 다르게 나타났다. 동독은 사회주의 체제하에서 여성의 노동 참여와 국가의 보육 책임이 강조되었다. 여성의 취업을 국민의 의무로 규정하고, 국가 주도의 보육 시설을 확충하여 여성들이 출산 후에도 전일제로 일할 수 있는 환경을 조성했다. 또한 혼외 출산에 대해 관용적인 태도를 가지며 다양한 가족 형태를 인정하였다. 이러한 정책들은 동독의 출산율을 높게 유지하는 데 기여했다.

서독에서는 개인의 자유와 선택을 중시하는 방향으로 사회가 변화했지만, 독일 제국의 전통과 문화를 계승하며 보수적인 가족문화를 유지했다. "정상 가정에서는 여성이 전업주부여야 한다"는 인식이 강했고,[125] "아이는 세 살까지 어머니가 직접 키우는 것이 좋다"는 '3세아 신화'와 "훌륭한 어머니인 주부가 이끌어가는 가정"을 가족의 이상형으로 보는 '모성 신화'에 기반한 가족관이 지배적이었다.[126] 당시 서독 여성들은 출산 후 일하는 동독 여성들을 자식을 신경 쓰지 않는 까마귀로 빗대어 '까마귀 엄마Rabenmutter'라고 비하하기도 했다. 이러한 보수적인 사회 분위기로 인하여 3세 미만 아이들을 위한 어린이집도 거의 설치되지 않았다. 그로 인해 여성들은 출산 후 경력 단절을 경험하는 경우가 많았고, 일-가정 양립이 어려운 사회구조가 형성되었다.

1950년대 가족 내 여성의 역할에 대한 인식의 차이는 동서독의 홍보물에서도 뚜렷이 드러난다. 서독의 광고물은 "BACKIN과 함께 즐거운 베이킹"이라는 문구와 함께 엄마가 전업주부로 가족을 위해 요리하는 모습을 보여주고 있는 데 반해, 동독의 홍보물은 "10분 만에 완성"이라는 문구와 함께 엄마가 취업 중이라 아이가 홀로 요리하는 모습을 보여준다. 이는 두 사회의 가족관과 여성의 역할에 대한 인식 차이를 단적으로 보여주는 예시이다.

정부 정책에서도 큰 차이가 있었다. 동독은 사회주의 체제의 우월

1950년대, 동서독의 가족 내 여성의 역할을 보여주는 상품 홍보[127]

왼쪽 서독의 홍보물은 "BACKIN과 함께하는 즐거운 베이킹" 이라는 문구와 전업주부가
가족을 위해 케이크를 준비하는 모습을 보여주는 반면, 오른쪽 동독의 홍보물 문구는
10분 후에 엄마가 옵니다" 라는 문구와 어린 소녀가 일하는 어머니를 위해 빠르게 식사를
준비하는 모습을 보여준다.

성을 입증하기 위해 적극적인 인구정책을 펼쳤다. 급기야 '인구 증가'를 가족정책의 주요 목표로 설정하고, 출산보조금, 아동수당, 가족 형성 자금 대출, 출산 여성의 노동시간 단축, 전일제 보육제도 시행, 저렴한 주택 제공 등 다양한 지원책을 실행했다. 예를 들어, 신혼부부에게 주택 공급 우선권을 주고, 한부모 가정이 육아휴직을 사용할 경우 기존 임금의 50%를 지급하는 등 구체적이고 실질적인 지원을 제공했다. 인구 감소에 따른 국력 약화는 체제에 대한 위협이 될 수 있다는 절박함 때문이었다. 특히 1970년대 출산율 급감 이후 정책을 강화하여 빠른 반등을 달성했다. 그러나 1980년대에 들어 동독 정부는 재정 부족 문제를 겪었고, 그 여파로 출산 장려를 위한 가족 정책은 지속되기 어려워져 출산율은 하락세로 전환했다.[128]

동독과 달리 서독의 가족정책은 종교적 색채가 강해 매우 보수적이었다. 1949년에 제정된 독일연방공화국기본법Grundgesetz에서는 "국가는 결혼과 가족에 대하여 보조적 기능을 수행한다"라고 보충성 원칙을 규정했다.[129] 이에 따라 기독교민주당과 기독교사회당의 보수연립정권(1948~1966)은 가족정책을 통한 국가나 사회에 의한 돌봄과 같은 국가의 적극적인 개입을 자제하였다. 게다가 서독은 히틀러 나치당의 우생학적 인구정책을 반성하며, 이는 가족정책이 출산 장려에 대해 소극적인 입장을 가지는 중요한 배경이 되기도 했다.

즉, 당시 가족정책은 가족 부담의 조정에 초점을 맞추어 유자녀 가정의 경제적 부담을 덜어주는 데에만 관심이 집중되었다. 그 일환으로 아동수당, 자녀 공제, 전업주부 가족을 우대하는 세분할제 등이 도입되었다. 당시 아동수당은 셋째 아이부터 지급하여 소득계층 간의 재분배 효과를 지향하는 것이 아니라 자녀가 많은 자와 없는 자 간의 조정을 목표로 하였다. 다만, 야당인 사회민주당의 주장을 받아들여 1961년부터는 둘째 아이에게도 아동수당을 지급하였다.[130]

심지어 1960년대 후반, 고도의 경제성장하에 출산율 저하 추세가 심각한 수준에 이르자 이민정책을 통해 노동력 부족 문제를 해소하고자 하였다. 1972년, 출생아 수가 사망자 수보다 적어져 인구가 자연 감소하자 출산 장려를 목적으로 하는 가족정책을 도입할 것인가에 대한 논의가 활발하게 전개되었다. 논의 결과, 독일연방공화국의 기본법 규정에 의거하여 사적 영역에 대한 정책적 개입에 대해 신중한 태도를 취해야 한다는 주장이 우세했다.

이러한 입장은 당시 서독의 수상이었던 수상 헬무트 슈미트Helmut Schmidt의 반응에서도 명백히 드러난다. 1979년 서독의 출산율이 1.4명 수준까지 낮아졌음에도 불구하고 그는 "자녀 출산을 하고 안 하고는 오직 개인이 결정할 문제이며 국가는 출산 행태에 영향을 미칠 의도가 없다"라고 말했다. 동독 정부와 달리 서독 정부는 출산 장려를 가족정책의 목표로 채택하지 않은 것이다.

결과적으로 독일연방공화국기본법에 따라 가족에 대한 국가의 역할을 보조적인 것으로 규정하고, 출산을 개인의 선택으로 간주하는 입장을 취했다.[131] 가정에서 자녀를 직접 양육하여야 한다는 전통을 고수하여 자녀 양육의 일차적 책임을 여성에 전가하고, 가족정책의 역할을 자녀가 있는 가족의 경제적 부담을 줄이는 데 한정하였다.

이러한 차이로 인해 1970년대 초부터 동독과 서독의 출산율 격차가 뚜렷해졌다. 68혁명의 영향으로 출산율이 급격하게 감소한 후 동독 출산율은 1970년대 중반 빠르게 회복되는 반면, 서독 출산율은 감소세가 지속되었기 때문이다. 이러한 차이는 통일 전까지 지속되었다.

결국 독일의 출산율 변화와 동서독 간 격차는 단순한 인구 통계의 문제를 넘어, 사회제도와 가치관의 변화, 그리고 정부 정책의 영향을 보여주는 중요한 사례라고 할 수 있다.

통일의 역설: 출산율 대폭락

1990년 10월 3일 독일 통일은 동서독 주민들에게 희망찬 미래를 약속하는 듯했다. 그러나 현실은 기대와 달랐다. 특히 구동독 지역은 예상치 못한 인구학적 위기에 직면하게 된다. 출산율의 급격한 하락은 통일이 가져온 사회경제적 충격을 가장 극명하게 보여주는 현상이었다.

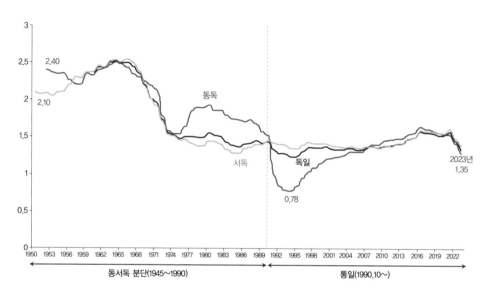

3

2,5
2,40

2
2,10

1,5

동독

1

서독   독일   2023년
                                                        1,35

0,5
                            0,78

0
1950 1953 1956 1959 1962 1965 1968 1971 1974 1977 1980 1983 1986 1989 1992 1995 1998 2001 2004 2007 2010 2013 2016 2019 2022

동서독 분단(1945~1990)   통일(1990,10~)

동서독의 합계출산율 추이[132]
동서독의 출산율은 1960년대 초반까지 비슷한 수준을 유지하다가 이후 지속적으로
감소했다. 통일 직후 동독 지역의 출산율이 급격히 떨어졌으나, 2000년대 들어 다시
회복되어 현재는 동서 지역이 비슷한 수준을 보이고 있다.

통일 전 동독은 높은 출산율을 자랑했다. 매년 개최된 '어린이 주간Woche des Kindes'은 아이와 가족의 중요성을 사회 전반에 각인시켰다. 결혼대출Ehekredit제도는 신혼부부에게 5,000마르크를 대출해주고, 아이를 낳을 때마다 1,000마르크씩 탕감해주는 파격적인 정책이었다. 이와 함께 광범위한 보육시설 네트워크는 여성의 일-가정 양립을 강력히 지원했다. 이러한 정책들은 동독 사회에서 출산과 양육이 개인의 부담이 아닌 사회의 책임이라는 인식을 형성했다.

그러나 통일과 함께 이러한 지원 체계는 급격히 무너졌다. 구동독의 보육 시설 네트워크가 대폭 축소되어, 3세 미만 아동의 보육 시설 이용률이 1989년 80%에서 1994년 41%로 급감했다. 이는 많은 여성들에게 경력과 출산 사이의 양자택일을 강요하는 결과를 낳았다. 사회주의 체제에서 당연시되던 여성의 경제활동 참여가 갑자기 장애물에 부딪힌 것이다.

경제적 불확실성은 출산율 하락에 결정적인 영향을 미쳤다. 1990년 통일 과정에서 설립된 트로이한트Treuhandanstalt 기관은 구동독의 전면적인 경제 재편을 맡았다. 이 기관은 동독의 국유기업들을 시장경제 체제로 전환하는 임무를 수행했는데, 그 과정은 예상보다 훨씬 가혹했다. 비교적 짧은 기간 동안 대부분의 기업들이 경쟁력 부족이나 기술력 낙후를 이유로 문을 닫거나 서독 기업에 헐값으로 매각되었다. 한때 완전고용을 자랑하던 동독 사회는 전례 없는 대규모 실업

사태에 직면했다. 안정적인 주거, 직장, 육아 지원 등 기존의 사회보장 체계가 무너지면서 구동독 주민들의 미래에 대한 불안감은 커져만 갔다. 이러한 상황에서 많은 이들은 결혼과 출산을 미루거나 포기할 수밖에 없었다.

더불어 구동독 지역에서는 심각한 인구 유출 현상이 발생했다. 1989년부터 2002년 사이 약 240만 명이 구동독 지역을 떠났는데, 그중 대부분이 젊은 여성들이었다. 이는 단순한 인구 감소를 넘어 구동독 지역의 인구 구조를 크게 변화시켰고, 출산율 하락을 더욱 가속화했다. "꽃피는 풍경blühende Landschaften"을 약속했던 통일 당시의 기대와는 달리, 구동독 지역은 오히려 황폐해지는 듯했다.

이러한 복합적 요인들로 인해 구동독 지역의 출산율은 급격히 떨어졌다. 통일 직전인 1989년 1.56명이었던 출산율은 1994년 0.77명으로, 불과 5년 만에 절반 이하로 하락했다. 이는 제2차 세계대전 직후의 출산율 하락보다도 더 극적인 변화였다. 한 사회의 출산율이 이렇게 급격히 떨어진다는 것은, 그만큼 사회 전체가 미래에 대한 확신을 잃었다는 것을 의미한다.

구서독 지역도 이러한 변화의 영향에서 자유롭지 않았다. 통일에 따른 사회 전반의 불안정성 증가로 출산율이 1990년 1.46명에서 1995년 1.34명으로 소폭 하락했다. 결과적으로 통일 독일의 전체 출산율은 1994년 1.24명까지 떨어졌다. 이는 당시 프랑스(1.66명), 영국(1.74명), 미국(2.0명) 등 다른 선진국들과 비교해 현저히 낮은 수준이었다. 독일은 통일의 기쁨을 만끽할 겨를도 없이, 갑자기 찾아온 '인구절벽'의 위기와 마주하게 된 것이다.

그럼에도 통일 정부는 출산율 회복을 위해 노력해야 한다는 말조차 꺼낼 수 없었다. 독일은 이미 히틀러 나치 시대에 시행한 우생학적 인구정책이 반윤리적인 것으로 낙인찍혀 있었다. 또한, 제2차 세계대전 이후 구소련과 동유럽 국가들이 전쟁으로 감소한 인구를 복구하기 위해 적극적으로 활용한 출산 장려 정책들이 반자유주의적인 것으로 비난받고 있었기 때문이었다.

따라서 통일 정부는 인구정책을 통해 적극적으로 출산을 장려하는 경우 자칫 반민주 독재주의로 회귀한다는 비판이 제기될 수 있다는 점을 우려했다. 이와 같이 독일에서는 저출산 문제에 대한 대응으로서 인구정책을 언급하는 것 자체가 금기시되었다. 결국 서독 정부에 이어 통일 정부 역시 개인의 출산에 대해 국가가 개입하지 않는다는 기존의 신중한 입장을 그대로 고수했다.

더욱이 독일 통일이 서독 중심으로 이루어진 결과로 통일 독일의 가족정책은 서독 정부의 보수적인 정책 기조를 그대로 유지하였다. 즉, 통일 정부 역시 남성은 가장으로 생계를 책임지고 여성은 가사와 자녀 양육에 전념하는 전통적인 가족제도를 지향했다. 사회적으로도 경제활동을 위해 어린 자녀를 보육 시설에 맡기는 여성들은 여전

히 강한 비난을 받았다.[133]

그러나 여성들이 고등교육에 더 많이 참여하고, 전일제로 취업하는 여성들이 증가하면서 여성의 새로운 역할과 전통적인 규범 간 갈등이 발생했다. 그 영향으로 혼인율이 하락하고 동거가 확산하는 등 전통적인 가족관이 급속히 약화하였다.

그럼에도 통일 정부의 정책적 대응은 여전히 소극적이었다. 예를 들어, 1996년부터 보육 시설을 확충했으나 3~6세 아동만을 위한 것으로 여전히 3세 미만 영유아의 돌봄은 가정의 책임으로 돌렸고, 육아휴직의 대상도 부(아빠)를 제외하고 모(엄마)에만 한정하였다.

가족정책도 통일 전 보충성 원칙을 철저히 고수했다. 돌봄은 가정 안에서 여성들이 해결하게 하고, 정부는 양육 비용의 부담만 수당 등 현금으로 보상하는 방식을 채택한 것이다.[134] 그러나 이들 수당은 아주 적어 여성들이 경제활동을 통해 벌게 될 소득을 완전히 보상할 수 없었다.[135] 돌봄을 가정 안에서 해결하고 현금으로 보상하는 이 시기의 가족정책은 저출산과 엄마의 낮은 취업률로 귀결되었다.

끝없는 인구 재생산 위기

독일은 21세기가 되어서야 저출산 문제에 적극적으로 대응하기 시작했다. 세계은행World Bank에서 발간한 한 보고서가 계기가 되었다. 이 보고서는 독일의 출산율이 전 세계 190개 국가 중 185위에 해당하며, 이러한 추세가 지속된다면 이민자의 유입이 없다고 가정할 때 인구가 8천 2백만 명에서 2050년 7천만 명으로 감소할 것으로 전망했다.

보고서 발표를 계기로 독일 정부 스스로 언급하기에는 민감한 사안이었던 저출산 대응을 공개적으로 논의할 수 있는 사회적 분위기가 형성되었다. 이미 1990년대 중엽 로만 헤어초크Roman Herzog 전 대통령은 저출산 현상이 독일 사회의 '정신적 빈곤 과정geistiger Verarmungsprozess'을 가져올 것이라고 경고했다. "우리는 현재 연금 수급자 민주주의의 조짐을 보고 있습니다. 노인 인구가 증가하고 있으며 모든 정당이 그들에게 과도한 관심을 기울이고 있습니다. 그로 인해 나이 많은 사람들이 젊은 사람들을 약탈하게 될 수도 있습니다."

2004년 바이에른 주지사 에드문트 슈토이버Edmund Stoiber는 무자녀 성인의 연금 보험료를 인상하여 연금 재정 문제의 해결을 제안하기도 했다. "무자식이 상팔자가 아니다. 자식이 없는 가정은 돈을 더 냄으로써 국가에 기여해야 한다."

당시 연방보건부 장관인 울라 슈미트Ulla Schmidt(2001~2009년 재임) 역시 무자녀 근로자는 매달 2유로 50센트씩 수발보험료를 더 내야 한다는 제안을 하였다.

정치인들의 이러한 문제 제기는 유자녀 부모와 무자녀 성인 간, 독신 대 가족 간 새로운 양상의 계급투쟁이라고 묘사할 정도의 사회적 논쟁으로 발전하였다.[136] 이러한 분위기에 편승하여 독일 정부는 출산율 회복을 위하여 적극적으로 정책을 펼치기 시작했다.[137]

사실 독일의 적극적 인구정책은 1990년대 후반부터 본격화되었다. 당시 정책은 각종 수당 인상과 주거비 지원 대상 확대 등 경제적 지원에 초점을 맞추었다. 그러나 이러한 접근은 기대만큼의 효과를 거두지 못했다. 실질적인 출산율 변화는 정책 목표를 양성평등적 일-가정 양립과 가족 구성원의 삶의 질 증진으로 전환한 이후에 나타났다.

2000년대에 들어 독일의 가족정책은 큰 변화를 겪었다. 전통적인 남성 부양자 모델male breadwinner model에서 벗어나 북유럽식 가족 모델로 전환했다.[138] 이를 위해 노동시장과 가족정책에서 양성평등 환경 조성에 주력했다. 그 일환으로 기업 이사회 성 할당법, 임금투명성법, 임시파트타임법 등이 도입되었다. 여기에는 "use or lose it(사용하라, 그렇지 않으면 잃는다)" 같은 남성 육아휴직 할당제도 포함되었다.

이에 따라 2001년에 '육아휴직'을 '부모휴직Elternzeit'으로 변경하고, 2007년부터 양육수당 대신 임금 대체 수준의 부모수당을 자녀의 출생 이후 14개월 동안 지급하였다. 한편, 2004년에 보육시설확장법 Tagesbetreuungsausbaugesetz을 제정하여 3세 미만의 아동을 위한 보육 시설을 확충하였다. 더 나아가 취학 후에도 돌봄이 필요한 어린 초등학생을 위해 방과 후 프로그램을 도입했다. 즉, 출산 여성들이 경력 단절 없이 자녀를 양육할 수 있도록 시간과 돌봄을 동시에 제공해준 것이다.

이렇게 독일에서는 아동을 우선 가정에서 여성이 돌봐야 한다는 기존의 보충성 원칙이 무너지고, 국가가 돌봄에 적극적으로 개입하는 새로운 사회 시스템이 정착되었다.

'출산율' 집착을 넘어

독일의 출산율은 2016년 1.59명까지 높아지고, 이후 2021년까지 1.5명 대를 유지했다. 독일 국내는 물론 외국에서 독일의 출산율 반등을 예의 주시하였다. 정책 전환의 성과에서 그 이유를 찾고자 하였다. 그러나 출산율은 2023년 1.35명으로 다시 감소하여, 통일 직후 대폭락 수준으로 회귀하고 있다. 난민 등 이주민을 제외한 독일계 여성의 출산율만 보면 1994년 1.15명에서 2023년 1.26명으로 거의 정체되어 있다. 독일 정부가 적극적으로 정책을 전환한 효과를 찾아보기 어렵다.

이와 같은 최근의 출산율 추세는 다양한 요인들이 복합적으로 작용한 결과였다. 2010년대 중반 시리아 난민 등 이주민들이 대거 유

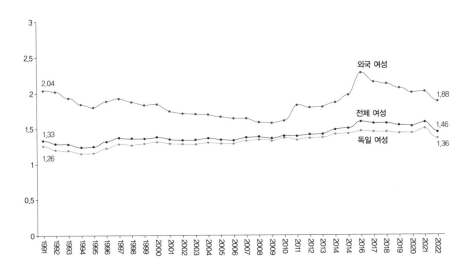

독일 여성과 외국 여성의 합계출산율 추이

이민자들은 고출산 민족으로 높은 출산율을 유지하고 있다. 외국인 여성의 출산율은 난민 유입의 효과로 2016년 2.28명까지 치솟는 등 최근까지 2명 이상으로 높게 유지되고 있다.[139]

입하고, 이들 사이에 베이비붐이 발생하면서 출산율이 상승했다.[140] 이 당시 외국인 여성의 출산율은 2명 이상으로 높은 수준에서 유지되었다. 그러나 이러한 난민 유입의 효과는 2020년대에 들어 거의 사라졌다. 게다가 코로나19 팬데믹(COVID-19), 2022년에 발발한 우크라이나 전쟁과 물가 상승 그리고 기후변화가 출산에 부정적인 영향을 미쳤다.[141] 팬데믹 당시 임산부에게는 백신 접종을 승인하지 않은 탓에 여성들은 임신을 미룰 수밖에 없었다. 팬데믹과 더불어 우크라이나전쟁 등 복합적 위기가 심리적으로 영향을 미쳐[142] 아이를 낳고 싶은 욕구를 좌절시켰다.[143]

저출산 현상의 원인이 경제적 그리고 사회문화적 요인에다가 국제적 위기 등이 추가되어 더욱 복잡하고 다양해지고 있는 것이다. 이는 급격한 사회 변화가 출산에 미치는 영향을 극명하게 보여준다. 동시에 사회 안정과 미래에 대한 확신이 출산율과 얼마나 밀접하게 연관되어 있는지를 생생하게 증명한다.

이처럼 독일은 출산율이 3.5명에 이른 1915년, 즉 독일 제국 이래 현대에 이르기까지 1세기 이상 동안 출산 장려 정책을 펼쳤으나, 출산율은 정책과 무관하게 변화했다. 거대한 사회구조와 문화의 변화 그리고 외부 충격들이 국민의 출산 의지를 지배해왔고, 이에 따라 개인들의 출산을 유인하기 위한 '국가주의적 출산 장려 정책'은 무기력할 수밖에 없었다. 즉, 국민은 정책보다는 거시적인 흐름에 적응하기 위해 스스로 출산을 결정하고 있었다.

이에 따라 독일 정부는 국민의 출산에 대한 국가의 역할을 재정립할 필요성을 느끼게 되었다. 독일의 레오폴디나와 베를린-브란덴부르크 아카데미는 2012년에 펴낸『아이들과 함께하는 미래*Zukunft mit Kindern*』라는 전략 보고서[144]에서 가족정책의 핵심 목표를 "(잠재적) 부모와 자녀들의 웰빙 증진"이라고 제시했다. 이 목표는 아이의 성장을 위한 최적의 환경을 조성하고, 부모들이 최선의 방법으로 자녀의 발전을 촉진하고 지원함으로써 여정에 동행할 수 있도록 돕는 데 중점을 둔다.

이에 따라 독일 정부는 가족정책의 네 가지 기본 목표를 다시 설정한다. 가족의 경제적 안정, 일-가정 양립, 아동의 웰빙 증진, 그리고 출산을 위해 필요한 것의 충족이다. 동일한 가족정책이라 하더라도 한부모 가족, 무자녀 가족 등 대상 집단마다의 특수한 상황을 고려하도록 한다. 또한, 단기적으로 출산에 긍정적인 효과를 미칠 수 있을지라도 장기적으로는 노동시장에서의 이탈을 부추기는 등의 부정적인 영향을 미칠 수 있다는 점을 고려한다. 이후 정부는 2016년, '어젠다 2030 — 지속가능한 가족정책*Nachhaltige Familienpolitik*'[145]을 설정하여 일-가정 양립, 가족 구성원들의 파트너십 증진, 가족의 경제적 안정성 보장을 가족정책의 세 가지 핵심 목표로 제시하고 있다.

이와 같이 독일 정부는 더 이상 출산율 증가 자체를 가족정책의 목표로 내세우지 않는다. 대신 양성평등에 기반한 일-가정 양립, 아동의 건강한 성장 등을 도모하기 위한 아이를 키울 수 있는 환경 조성에 주안점을 둔다. 즉, 출산율을 통해 생산력을 높이는 것은 사회주의의 이데올로기로 간주하고, 양성평등의 관점에서 부부나 파트너가 아이를 낳을 수 있는 환경 조성에 주력하고 있는 것이다. 이는 경제적 조건, 여성이 계속 일할 수 있는 기회, 양성평등 구조 등을 고려하여 가족이 아이를 키울 수 있는 상황을 조성하기 위한 정책을 도입하는 것을 의미한다. 이를 통해 부수적으로 출산율이 상승할 것으로 기대한다.

이는 새로운 시대에 맞는 가족 지원 체계를 구축하려는 노력이다. 독일이 겪은 '인구 재생산 위기'는 결과적으로 독일의 미래 지향적인 가족정책을 탄생시키는 촉매제 역할을 하고 있다.

혈통주의 파괴

누가 우리 '국민'인가?

'국민'은 모든 근대 국가의 근간이지만, 그 구체적 의미와 범주는 각국의 역사적 경험에 따라 상이하게 발전해왔다.

프랑스의 국민 개념은 1789년 대혁명이라는 정치적 격변기에 형성되었다. 대혁명 이전 프랑스는 절대왕정하에서 심각한 신분제적 불평등과 구조적 부패에 시달렸다. 귀족과 성직자 등 특권층의 면세 특권으로 인해 조세 부담이 평민에게 과도하게 집중되는 등 사회경제적 모순이 극에 달했고, 이는 혁명의 도화선이 되었다. "자유, 평등, 박애"를 외치며 일어난 대혁명은 단순한 정권 교체가 아닌, 사회 전체의 근본적인 재구성을 목표로 했다.

이 과정에서 프랑스는 '국민'을 더 이상 왕의 신민이 아닌, 공통의 정치적 가치를 공유하는 시민들의 집합체로 다시 정의했다. 이는 'demos' 개념, 즉 국민을 정치적 가치와 제도를 공유하는 시민들의 집단으로 보는 관점이다. "법 앞의 평등"이라는 혁명 이념은 국민 개념에도 반영되어, 프랑스의 정치적 가치를 수용하는 이들에게 국민의 지위를 부여하는 시민적 국민주의의 토대가 되었다.

반면, 독일의 국민 개념은 정치적 분열과 외세 지배의 경험 속에서 형성되었다. 19세기 초 독일은 300여 개의 소국으로 나뉘어 있었고, 나폴레옹 전쟁(1806~1815)을 통해 프랑스의 지배를 경험하였다. 1806년 신성 로마 제국의 해체와 프로이센의 패배는 독일인들에게 깊은 상처를 남겼다. 이러한 역사적 아픔은 독일인들로 하여금 자신들을 하나로 묶을 수 있는 강력한 민족적 정체성을 갈구하게 했다.

독일에서 국민은 단순히 같은 나라에 사는 사람들이 아니라, 공통의 언어, 문화, 역사를 공유하는 '민족' 공동체로 인식되었다. 이는 'ethnos' 개념에 가까운 것으로, 국민을 문화적, 혈연적 공동체로 보는 관점이다. 요한 고틀리프 피히테Johann Gottlieb Fichte의 『독일 국민에게 고함Reden an die deutsche Nation』은 이러한 민족주의적 사고의 대표적인 예로, 독일어를 사용하는 모든 이들을 하나의 민족으로 규정했다.

또한 헤르더와 같은 독일 철학자들이 발전시킨 '민족정신Volksgeist' 개념은 민족을 하나의 유기체적 실체로 보는 관점을 제시하며 집단의 정체성을 중시했다. 이는 독일만의 정체성을 외부와 구별 짓는 방법이기도 했다.

프랑스와 독일의 사례는 국민 개념이 단순한 법적 정의를 넘어, 각국의 고유한 역사적 경험을 반영하여 형성됨을 보여준다. 프랑스는 정치적 혁명을 통해 시민적, 정치적 가치에 기반한 국민 개념을 발전시켰으며, 독일은 외세의 침략과 정치적 분열을 극복하는 과정에서 언어, 문화, 전통을 중심으로 한 문화적 국민 개념을 형성했다.

이러한 역사적 차이는 현대 사회의 이민정책, 다문화주의에 대한 태도, 국가 정체성 형성 방식 등에 여전히 깊은 영향을 미치고 있다. '누가 우리의 국민인가?'라는 질문은 국가 정체성, 시민권, 그리고 사회통합의 본질에 대해 더 깊은 논의를 요구하며, 각 사회의 정체성과 미래 비전을 반영하는 중요한 화두이다.

외국인, 영원한 손님

1871년 독일 제국의 통일은 민족 중심적 사고를 더욱 굳건히 했다. '독일성', 즉 독일다움의 핵심 요소로 공통의 언어, 문화, 그리고 '게르만 혈통'이 강조되었다. 1913년에 제정된 제국국적법Reichs-und

1964년 뮌헨 중앙역의 터키 이주노동자들
이 사진은 독일의 '게스트 워커제' 정책으로 입국한 터키
노동자들의 모습을 보여준다. 1960년대 독일의 경제성장기에
노동력 부족을 해결하기 위해 터키를 비롯한 여러 국가에서
대규모 노동자들이 유입되었다.

Staatsanghörigkeitsgesetz은 이러한 혈통주의적 국민 개념을 법적으로 확립했다. 이 법은 '독일성'을 공유하는 이들에게 강력한 결속력을 부여했지만, 동시에 그 외의 사람들을 철저한 외부인으로 구분 짓는 선이 되었다. 제2차 세계대전 이후에도 이러한 배타적 정체성은 쉽게 바뀌지 않았다.

1950년대 중반, 독일은 전후 경제 부흥과 함께 심각한 노동력 부족 문제에 직면했다. 이를 해결하기 위해 서독 정부는 외국인 노동력을 받아들이기로 결정했지만, 그들을 국민으로 포용하는 대신 일시적인 노동력으로만 활용하는 방안을 택했다. 1955년부터 서독은 남유럽과 북아프리카 국가들과 노동자 유치 협정을 체결하기 시작했다. 1955년 이탈리아를 시작으로, 1960년 그리스와 스페인, 1961년 터키, 1963년 모로코, 1964년 포르투갈과 같은 여러 국가들과 일련의 쌍무 협정을 체결했다.

특히 '게스트 워커제Gastarbeiter'는 이러한 외국인 노동자들을 임시 노동자로 규정하며, 이들이 독일에 영구적으로 정착하는 것을 방지하기 위해 만들어졌다. 유럽경제공동체European Economic Community 회원국 출신 노동자들에게는 상대적으로 더 자유로운 거주와 노동의 권리가 주어졌지만, 터키, 모로코 등 비회원국 출신 노동자들에게는 엄격한 제한이 가해졌다. 이들은 계약이 만료되면 반드시 본국으로 돌아가야 했고, 가족과 함께 살 권리조차 제한받았다.

이 제도는 1970년대까지 지속되어 400만 명에 달하는 외국인 노동자와 그 가족들이 독일에 유입되었다.[146] 그들은 주로 독일 노동 인구의 사회적, 직업적 하층을 형성했으며, 과중한 육체노동과 건강상의 위험을 감수해야 하는 분야에 주로 고용되었다. 그럼에도 이들은 독일의 '경제 기적'을 뒷받침하는 중요한 노동력이 되었다.

그러나 1973년 오일 쇼크oil shock를 기점으로 상황이 급변했다. 서독 사람들은 전후 꾸준한 경제성장에 익숙해져 있었기에, 전후 발생한 첫 번째 경기 침체는 자랑스러운 '경제 기적의 공화국'의 자존심에 큰 타격을 주었다. 노동시장의 불안정성이 커지면서, 외국인 노동자 고용의 의미에 대한 격렬하고 비판적인 토론이 시작되었다. 경기 침체와 함께 곧바로 외국인 노동자들은 부담스러운 존재로 인식되기 시작한 것이다.

독일 정부는 1973년 모집 금지령Anwerbestopp을 통해 비유럽경제공동체 국가로부터의 노동자 모집을 전면 중단했다. 이는 외국인 인구를 줄이려는 의도적인 정책이었지만, 예상과 달리 외국인 인구는 오히려 증가했다. 숙련된 노동자를 돌려보내고 싶지 않은 고용주들이 계약을 연장했고, 많은 외국인 노동자들도 귀국을 거부하며 가족들을 독일로 불러들였기 때문이다.

1980년대의 장기 불황은 상황을 더욱 악화시켰다. 1988년 외국인 실업률이 61%까지 치솟았다. 이는 독일인 실업률의 두 배에 달하는 높은 수치였음에도 불구하고, 일부 독일인들 사이에서는 외국인 노동자들이 자국민의 일자리를 빼앗는다는 인식이 확산되었다. 특히 터키계 이민자들은 언어와 교육의 장벽으로 인해 더욱 어려운 상황에 처했다. 이러한 문제는 세대를 거듭할수록 개선되기는커녕 오히려 고착화되는 양상을 보였다.[147]

1983년 제정된 외국인귀환촉진법Rückkehrhilfegesetz은 이러한 사회적 분위기를 반영한 정책이었다. 이민 노동자들에게 재정적 지원을 대가로 자발적인 본국 귀환을 장려하는 이 정책은 독일이 여전히 자국을 '이민국가'로 인식하지 않고 있었음을 명확히 보여주는 조치였던 것이다.

"우리는 노동력을 초청했지만, 사람이 왔다"는 막스 프리쉬Max Rudolf Frisch의 유명한 말은 이 시기 독일 사회의 모순을 날카롭게 지적한다. 독일은 경제적 필요에 의해 외국인 노동력을 받아들였지만, 그들의 인간적 측면을 고려하지 않았다. 장기적인 사회 통합 정책은 부재했고, 독일 시민들 역시 이들을 새로운 이웃으로 받아들일 준비가 되어 있지 않았다. 그럼에도 불구하고 외국인 노동자들은 이방인에게 한없이 척박한 독일 사회에 뿌리를 내렸고, 가족을 불러들였으며, 자녀들은 독일 학교에서 자랐다. 그들에게 독일은 이미 새로운 고향이 되어 있었다.

결과적으로 독일 사회는 모순적인 상황에 직면했다. 이민자들은 독일 사회의 일부가 되었지만, 법적으로는 여전히 '외국인'이었고,

사회적으로는 온전한 구성원으로 인정받지 못했다. 그들의 위치는 '영원한 손님'에 불과했다.

▌인구 쇼크와 정체성 간 줄다리기

1990년대 독일의 이민정책은 과거의 부채와 현실의 압박 속에서 큰 변화를 겪었다. 전후 독일의 관대한 망명 정책은 나치 시대의 깊은 반성에서 비롯되었으며, 이는 정치적 박해를 받는 이들에게 망명권을 보장하는 형태로 나타났다. 이러한 정책은 나치 박해를 피해 타국으로 망명했던 독일인들의 경험이 새로운 국가 정체성을 형성하는 데 핵심적인 역할을 했음을 보여준다. 마치 은혜를 갚는 까치처럼, 과거의 잘못을 극복하고 인권을 존중하는 새로운 패러다임을 제시하고자 했다.

그러나 1990년대에 들어 이 이상주의적 정책은 전례 없는 현실적 도전에 직면했다. 냉전 종식, 소련 붕괴, 유고슬라비아 내전, 터키 쿠르드 지역의 인권 위기 등 국제 정세의 급변은 대규모 난민 유입을 초래했다. 1992년 한 해에만 EU 전체 난민 신청의 79%에 해당하는 약 43만 8천 명이 독일에 망명을 신청했다. 이는 과거 '게스트 워커' 시대의 최고 수준을 훨씬 넘어서는 규모로, 독일 사회의 수용 능력과 관용의 한계를 시험했다.

동시에 기존 이민자들의 가족 재결합도 활발히 이루어졌다. 특히 터키계 이주민의 증가가 두드러졌는데, 이는 터키의 복잡한 정치 · 경제적 상황과 밀접한 관련이 있었다. 군사 쿠데타, 만성적인 고인플레이션, 쿠르드 분리주의 운동 등 터키의 불안정한 국내 정세는 많은 터키인들로 하여금 독일 정착을 선택하게 만들었다. 그 결과 1970년 약 90만 명이었던 터키 출신 이주민 수는 1990년 167만 명으로 급증했다.[148]

이러한 대규모 유입은 독일 사회에 심각한 충격과 갈등을 야기했다. 특히 통일 직후의 경제적 어려움과 맞물려 외국인에 대한 적대감이 고조되었고, 이는 곧 폭력적인 형태로 표출되었다.

1992년 8월 호이어스베르다시에서 베트남인 계약 노동자 숙소가 공격받은 사건, 같은 해 11월 묄른Mölln 시에서 터키계 가정 방화로 3명이 사망한 사건, 그리고 1993년 5월 졸링겐Solingen 시에서 또다시 터키계 가족의 집이 불타 5명이 목숨을 잃은 사건 등에서 발생한 외국인 대상 폭력 사건들은 당시 독일 사회에 잠재해 있던 심각한 인종차별 문제를 적나라하게 드러냈다. 이는 단순히 난민을 수용하는 것과 그들과 융화되는 것이 전혀 다른 차원의 문제임을 보여준 것이다.

이러한 사회적 긴장 속에서 독일 정부는 1993년 '난민 타협Asylkompromiss'을 통해 난민 유입을 제한하는 조치를 취했다. '박해가 없는'

1993년 5월, 졸링겐 방화 사건의 잔해

네오나치Neo-Nazi(극우주의자) 청년들의 공격으로 터키계 주민 가족 5명이 목숨을
잃고 14명이 부상을 입었다. 폐허가 된 집 위 터키 국기와 "독일인과 외국인이 함께
인종차별에 맞서자"는 현수막은 이 사건 후 연대의 움직임을 보여준다.[149]

것으로 간주되는 국가 출신자나 '안전한 제3국'을 거쳐 온 사람들의 망명 자격을 제한함으로써, 사실상 육로를 통한 합법적 난민 유입을 차단한 것이다. 이는 독일로의 난민 유입을 크게 감소시켰다.

그러나 이러한 제한적 조치에도 불구하고, 독일 사회는 이미 돌이킬 수 없는 변화의 길을 걷고 있었다. 1990년대 초반 독일 내 외국인의 비중은 7%를 넘어섰고, 이는 독일이 사실상 이민국의 형태를 띠고 있음을 의미했다.

더욱이 독일은 '인구학적 쇼크'라는 또 다른 도전에 직면했다.[150] 특히 구동독 지역의 출산율 급락은 충격적이었다. 1990년 1.5명이던 출산율이 1994년에는 0.7명까지 떨어졌고, 이는 당시 세계 최저 수준이었다. 이러한 추세는 서독 지역으로도 확산하여, 1994년 통일 독일의 전체 출산율은 1.24명까지 하락했다.

이는 단기적으로는 체제 전환의 불안감을 반영한 것이었지만, 장기적으로는 독일의 경제성장과 사회 보장 체계의 지속가능성에 심각한 의문을 제기하는 것이었다.

이러한 복합적인 상황은 독일로 하여금 이민정책에 대한 근본적인 재고를 요구했다.

뿌리 깊은 혈통주의와 반외국인 정서에도 불구하고, 인구 감소에 따른 이민자 수용의 필요성은 점점 더 분명해졌다. 특히 1990년대 후반, IT와 엔지니어링 분야의 심각한 인력난은 독일 경제의 미래 경쟁력에 대한 우려를 낳았고, 이에 독일상공회의소를 비롯한 경제 단체들은 정부에 이민정책 완화를 강력히 요구하기 시작했다.

이러한 배경 속에서 1998년 출범한 사회민주당과 녹색당 연립정부는 획기적인 국적법 개정을 추진했다. 새 정부는 1913년부터 유지되어 온 속인주의를 벗어던지고 속지주의 요소를 도입하려 했다. 이는 독일에서 태어난 이민자 2세들에게 자동으로 독일 국적을 부여하는 내용을 포함하는 혁신적인 시도였다.

그러나 이 과정은 독일 사회 내 깊은 균열을 드러냈다. 보수 진영은 국가 정체성과 문화적 동질성 훼손을 우려하며 강하게 반발했다. 1999년 초 헤센주에서 벌어진 이중국적 반대 서명운동에 100만 명이 넘는 사람들이 동참한 것이다.

결국 2000년 시행된 개정 국적법은 원안보다 후퇴한 내용을 담게 되었다. 이중국적 허용 범위가 축소되었고, 이민 2세가 성년이 되면 국적을 선택해야 한다는 조항이 포함되었다. 그럼에도 이 법은 독일 사회가 다문화 사회로 나아가는 중요한 첫걸음이 되었다.

포용으로 낳은
신독일인

독일은 21세기에 접어들며 심각한 인구학적 위기에 직면했다. 저출산과 고령화로 인한 인구 감소는 독일의 경제, 사회보장 체계, 그리고 국가의 미래 전반에 걸친 위협이 되었다. 전문가들은 2040년까지 출생률이 계속 감소할 것이며, 이로 인한 노동력 결핍은 외국인 노동력 수입으로도 충당하기 힘들 정도라고 경고했다.

이러한 위기 속에서 독일은 이민 정책의 근본적인 변화를 모색하기 시작했다. 2000년 2월, 게르하르트 슈뢰더 총리는 독일의 심각한 IT 인력난을 해소하기 위해 2만 명의 해외 IT 전문가, 주로 인도인들을 독일로 유치하자고 제안했다. 당시 독일의 컴퓨터 산업은 '개발도상국 수준'이라는 자조 섞인 평가를 받을 정도로 경쟁력이 저하되어 있었다.

이는 즉각적인 반발을 불러일으켰다. 특히 야당인 기독교민주연합(CDU)의 위르겐 뤼트거스Jürgen Rüttgers는 "인도인 대신 우리 아이들을 컴퓨터 앞에 앉혀야 한다"고 주장했고, 이는 "Kinder statt Inder(인도인 대신 아이들)"라는 슬로건으로 축약되어 전국적인 논란을 일으켰다. 이는 표면적으로는 IT 인력 부족 문제에 대한 대응책을 둘러싼 논쟁이었지만, 실제로는 독일의 국가 정체성과 미래 비전에 대한 근본적인 질문이었다. 독일인들에게 외국인 유입을 막기 위해 출산율을 높이라는 일종의 암묵적 권고이기도 했다.

이러한 논란에도 불구하고 독일 정부는 '그린카드' 제도를 도입했다. 이는 1973년 이래 유지되어온 외국인 노동자 모집 금지 조치를 부분적으로 철회하는 획기적인 조치였다. 2005년, 독일은 새로운 이민법을 통해 자국을 '이민국가'로 공식 인정했다. 이 법은 고숙련 노동자의 이민을 장려하고, 이민자들의 사회 통합을 위한 체계적인 프로그램을 도입했다. '장려와 요구' 원칙에 따라 이민자들에게 독일어 학습과 사회 적응을 위한 통합 과정 참여가 의무화되었다. 이는 이민자들을 단순한 노동력이 아닌 독일 사회의 온전한 구성원으로 받아들이려는 시도였다.

그러나 이민자의 사회통합 문제는 여전히 뜨거운 감자였다. 2010년, 틸로 사라친Thilo Sarazin의 저서 『독일이 사라지고있다: 우리가 어떻게 우리나라를 위험에 빠뜨리고 있는가』는 이 논쟁의 정점을 찍었다. 그는 독일의 다문화 정책, 특히 무슬림 이민자 통합 정책의 실패를 강하게 비판하며 2020년경 독일의 경제성장 동력이 완전히 사라질 것으로 예측했다.[151] 이 책은 출간 한 달 만에 10만 부 이상 판매되는 기록을 보이며 독일 사회에 큰 파장을 일으켰다. 같은 해 10월, 앙겔라 메르켈Angela Merkel 총리의 "다문화주의는 완전히 실패했다"는 선언은 이 논쟁에 기름을 부었다. 이는 독일의 이민 정책과 사회통합 전략에 대한 근본적인 재검토를 요구하는 것이었다.

더불어 2014년부터 시작된 난민 위기는 독일의 이민 정책을 새로운 국면으로 이끌었다. 발칸반도와 중동 지역의 불안정으로 인해 난민 신청자 수가 급격히 증가한 것이다. 그해 약 30만 명의 난민이 독일에 망명을 신청했는데, 이는 1993년 이후 최대 규모였다. 2015년 8월 31일, 메르켈 총리의 "Wir schaffen das(우리는 해낼 수 있다)"와 함께 독일은 대규모 난민을 수용했다. 이는 단순한 정책적 결정을 넘어, 독일의 역사적 책임감과 인도주의적 가치관을 반영한 것이었다.

메르켈 총리의 선언은 곧바로 현실이 되었다. 9월 4일, 헝가리 부다페스트에 갇혀 있던 수천 명의 난민들이 오스트리아를 거쳐 독일로 향하기 시작했다. 다음 날인 9월 5일, 뮌헨 중앙역에는 첫 난민들이 도착했다. 독일 시민들은 난민들을 환영하는 피켓을 들고 역으로 모여들었다. 이 장면은 전 세계 언론의 주목을 받으며 독일에 '환영문화Willkommenskultur'가 형성되었다.

그러나 난민 신청자 수가 급증하면서 사회적 긴장도 고조되기 시작했다. 특히 2015년 12월 31일 쾰른에서 발생한 집단 성폭행 사건은 독일 사회에 큰 충격을 주었다. 이 사건을 계기로 난민에 대한 인식이 급격히 악화되었고, 메르켈 정부의 난민 정책에 대한 비판의 목소리가 커졌다.

이에 대응하여 독일 정부는 난민 정책을 조정했다. 범법 난민이나 강제 추방 대상자에 대한 처리 절차를 강화하고, 가족 재결합 조건을 더욱 엄격히 했다. 동시에 난민들의 언어 및 문화 교육을 의무화하는

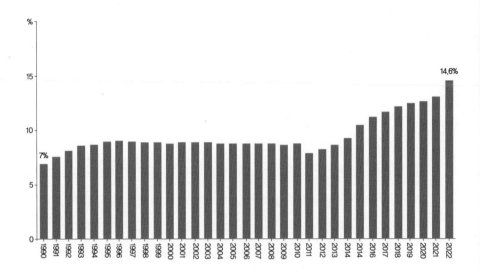

%

15   14.6%

총인구 중 외국인 비율 추이

독일의 총인구 증가세는 저출산으로 인해 둔화하고 있지만, 최근 외국인 인구가 급격히
늘어나면서 전체 인구 중 외국인이 차지하는 비율이 크게 높아지고 있다.[152]

등 보다 체계적인 조치가 취해졌다.

이와 동시에 독일 사회 내부의 갈등도 심화하였다. 구동독 지역을 중심으로 '페기다Pegida'와 같은 반이민 단체가 등장했고, 극우정당(AfD)의 지지율이 상승했다. 2017년 연방 선거에서 AfD는 12.6%의 득표율로 연방의회에 진출하는 데 성공했는데, 이는 제2차 세계대전 이후 극우 정당이 처음으로 연방의회에 진출한 사례였다.

그럼에도 2015년부터 2020년까지 독일은 약 180만 명의 난민을 수용했다. 이 과정에서 많은 재정적, 사회적 비용이 발생했지만, 동시에 많은 난민들이 성공적으로 독일 사회에 정착하기 시작했다는 긍정적인 신호도 있었다.

2022년 우크라이나 전쟁으로 인한 대규모 난민 유입은 상황을 더욱 복잡하게 만들었다.[153] 그러나 독일 정부는 2023년 이민법 개정을 통해 오히려 포용 정책을 한층 강화했다. '레인 변경lane change' 조항은 난민 심사 탈락자에게도 취업을 조건으로 체류를 허가했고, '기회카드Opportunity Card' 제도는 외국인에게 1년간의 구직 활동 기회를 제공했다. 이중국적 전면 허용, '블루카드Blue Card' 평가 기준 완화 등의 파격적인 조치들이 이어졌다.[154]

인구 위기에 직면한 독일은 2000년대 초 그린카드 제도 도입부터 최근의 포용적 이민법 개정에 이르기까지 지속적으로 개방과 통합을 추구해왔다. 이러한 노력은 단순한 정책 개선을 넘어 '독일인'의 개념을 재정립하는 과정이었다. 이 과정에서 독일은 사회적 갈등, 문화적 충돌, 정치적 논쟁 등 다양한 도전에 직면했다. 그럼에도 인구변화라는 거대한 흐름에 대한 독일의 해답은 '신독일인'이다.

세 번째 인구 레볼루션

    독일의 역사는 인구변화와 국가 정체성의 밀접한 관계를 보여준다. 세 차례의 '인구 레볼루션'을 거치며, 독일은 국가와 국민 개념의 의미를 지속적으로 재구성해왔다. 이는 단순한 인구 통계의 변화를 넘어, 국가의 존재 이유와 '독일인'이라는 정체성의 근간을 재구성하는 과정이었다.

    첫 번째 인구 레볼루션에서 게르만 부족들은 다민족 체제를 통해 신성 로마 제국을 건설했다. 이 시기 국가는 다양성을 포용하는 틀을 제공했고, '제국의 국민'이라는 새로운 초민족적 정체성이 형성되었다. 두 번째 레볼루션에서는 프로이센을 중심으로 한 단일민족 국가가 형성되었다. 이 시기 국가는 '독일인'을 명확히 정의하고, 이를 바탕으로 강력한 민족 정체성을 구축했다.

    21세기에 접어들어 독일은 세 번째 인구 레볼루션의 한가운데에서 있다. 저출산, 고령화, 그리고 대규모 이민으로 인한 인구 구성의 급격한 변화는 '독일인'과 '독일 국가'의 개념에 대한 근본적인 재고를 요구하고 있다. 110년 동안의 출산장려정책 실패와 지속된 저출산은 독일로 하여금 인구 유지를 위한 새로운 접근법을 모색하게 만들었다. 가족정책의 목표는 더 이상 '출산율 증가'가 아니다. 독일이 미래에도 인구제국으로서 위상을 유지하기 위해서는 더 이상 '출산'에만 의존할 수 없음을 인정한 것이다. 결국 독일은 인구 유지를 위해 혈통주의의 벽을 허물고 저출산으로 인한 인구 공백을 다른 민족들로 채우려는 패러다임 전환을 시도하고 있다.

'독일은 이민국가'라는 올라프 숄츠Olaf Scholz 총리(2021~)의 선언은 이러한 변화의 정점을 보여준다. 2023년 독일 인구의 23%가 이민 배경을 가진다는 사실은 국가 정체성이 변화하고 있음을 의미한다.

> 독일은 이민국가입니다… 우리 자신을 이해할 때가 왔습니다. 따라서 독일 시민이 되는 것을 더 쉽게 만들 때가 왔습니다. 이러한 기반 위에서만 우리는 완전한 통합과 정치적 참여를 가능하게 할 수 있습니다.(2021년 12월 17일)

이러한 변화는 인구학자 데이비드 콜먼David Coleman이 제시한 '제3차 인구 변천' 이론과 맥을 같이한다. 콜먼은 '이주(移住)'가 인구의 규모와 구성에 근본적이고 영구적인 변화를 가져올 수 있다고 주장했다. 독일의 경험은 이 이론이 현실화되는 과정을 보여주는 것이다.

독일의 세 차례 인구 레볼루션은 인구 변동이 단순한 수치적 변화를 넘어 국가의 정체성과 미래를 형성하는 거대한 흐름임을 보여준다. 현재 독일은 혈통주의적 단일민족 국가 체제에서 다민족 국가 체제로의 전환을 모색하고 있다. 이는 과거로의 회귀가 아닌, 인구제국의 지속을 위한 새로운 시대적 요구에 대한 대응이다. 이 과정은 다양성의 포용과 국가적 통합 사이의 균형을 찾아가는 도전을 수반한다. 이는 과거 로마 제국의 전철을 밟지 않기 위한 노력의 일환이기도 하다.

인구의 변화는 느리지만 강력하다. 그 영향으로 한 국가의 정체성이 흔들리거나, 심지어는 국가가 소멸되기도 한다. 독일의 인구 레볼루션은 인구 변동 이상의 의미를 가진다. 인구의 현재 모습은 과거의 선택들이 만들어낸 결과이며, 오늘의 결정은 미래의 인구를 좌우할 것이다. 결국 인구는 현재와 미래를 연결하는 다리이자, 우리 삶의 모습 그 자체이다.

1 황병덕 · 김규륜 · 박형중 · 임강택 · 조한범 · 김종욱 · 신상진 · 이동률 · 이
    창형 · 이홍규 · 주재우 · 최강, 『중국의 G2 부상과 한반도 평화통일 추진전
    략 제1부』, 통일연구원, 2011.

2 최병호 · 이삼식 · 하완탁 · 기재량, 『통일 한국의 적정 인구 연구』, 세종: 한
    국보건사회연구원, 2013.

3 Teitelbaum, M., *Political Effects-Real and Imagined-in Low Fertility Societies*,
    KIHASA & PAK International Symposium on Demographic Dynamics and
    Societal Challenge in the 21st Century, Seoul, 2014.

4 Evans, R.J., "Rome's Cimbric Wars (114−101 BC) and their impact on the
    Iberian Peninsula", Classical Association of South Africa(CASA), *Acta Classica:
    Proceedings of the Classical Association of South Africa*, Vol.48, No.1, 2005, Janu-
    ary, pp.37~56.

5 Finley, M.I., "Boak Arthur ER, Manpower Shortage and the Fall of the Roman
    Empire in the West. Ann Arbor: The University of Michigan Press; London:
    Geoffrey Cumberlege, 1955. Pp. VII+169. 36s", *Journal of Roman Studies*,
    48(1−2), 1958, pp.156~164. (doi:10.2307/298221)

6 Severy-Hoven, B., *Lex Iulia and lex Papia. The Encyclopedia of Ancient History*,
    2013.

7 Field, J. A., "The purpose of the lex Iulia et Papia Poppaea", *The Classical Jour-*

nal, 40(7), 1945, pp.398~416.

8   *Krönung Karls des Großen* by Friedrich Kaulbach(1822~1903), Maximilianeum München.(http://maximilianeum.mhn.de/stiftung/seiten/historische_galerie/karl.htm)

9   Galens, J., *Middle Ages Reference Library Cumulative Index*, United Kingdom: Cengage Gale, 2001.

10   Wilson, Peter H., *Europe's Tragedy: A History of the Thirty Years War*, Allen Lane, 2009.

11   Universitätsbibliothek Augsburg. Theatrum Europaeum, Band 1, Seite 16. (https://www.bibliothek.uni-augsburg.de)

12   Callot, J.(1632~1633), The Miseries of War: No. 11, The Hanging[Etching print on paper]. Art Gallery of New South Wales. (https://commons.wikimedia.org/wiki/File:Hanging_from_The_Miseries_and_Misfortunes_of_War_by_Jacques_Callot.jpg)

13   Wilson, Peter, *The Thirty Years'War: Europe's Tragedy*. Cambridge University Press, 2008.

14   권형진, 『독일사』(세계 각국사 시리즈), 대한교과서, 2005.

15   https://jwiki.kr/wiki/index.php/%EB%8F%85%EC%9D%BC_%EC%9D%B8%EA%B5%AC_%EC%B6%94%EC%9D%B4

16   Cummins, N., *Why did fertility decline?: an analysis of the individual level economics correlates of the nineteenth century fertility transition in England and France*(Doctoral dissertation, London School of Economics and Political Science), 2009.

17   오경환, 「저출산의 정치경제학: 프랑스 제3공화국 전반기의 인구위기와 〈프랑스 인구증가를 위한 국민연합〉」, 『서양사연구』, 43, 2010, 5~31쪽.

18   위의 글.

19   Quine, M.S., *Population politics in twentieth century Europe: Fascist dictatorships*

and liberal democracies, Routledge, 2013.

20 ibid.

21 Sardon, J.P., Generation replacement in Europe since 1900. *Population an English Selection*, 1991, pp.15~32.

22 Glass, D.V., *Population: Policies and Movements in Europe*, Oxford: Oxford University Press, 1940.

23 Tietze, F., "Eugenic measures in the Third Reich", *The Eugenics Review*, 31(2), 1939, p.105.

24 Haeckel, E., *The riddle of the universe*, Watts and Company, 1913.

25 David, H.P., Fleischhacker, J. & Höhn, C., "Abortion and eugenics in Nazi Germany", *Population and Development Review*, 1988, pp.81~112.

26 Lehfeldt, H., "Interview by H.P. David" [Personal interview], New York, November 22, 1987.

27 Usborne, C., "Social Body, Racial Body, Woman's Body. Discourses, Policies, Practices from Wilhelmine to Nazi Germany, 1912~1945", *Historical Social Research/Historische Sozialforschung*, 36(2), 2011, pp.140~161.

28 David, H.P, "Abortion in Europe, 1920~1991: a public health perspective", *Studies in family planning*, 23(1), 1992, pp.1~22.

29 Usborne, C., op.cit.

30 Whelpton, P.K., "Why the Large Rise in the German Birth-Rate?", *American Journal of Sociology*, 41(3), 1935, pp.299~313.

31 Hubbard, R., "Eugenics and prenatal testing", *International Journal of Health Services*, 16(2), 1986, pp.227~242.

32 Hitler, A., *Mein Kampf*, Eher Verlag, 1925, p.435.

33 Außenpolitisches Amt, "Ausstellungsbild zu den Vorteilen der Zwangssterilisation", *In Volk und Rasse*, 11. Jg. 1936. Stadt Singen.

34 Anonymous, Illustration of the "Stab-in-the-Back" legend, 1919.

35 National Archives and Records Administration, College Park, MD.

36 Taeuber, C. & Taeuber, I.B., "German Fertility Trends, 1933~39", *American Journal of Sociology*, 46(2), 1940, pp.150~167.

37 Kirk, D., "The relation of employment levels to births in Germany", *The Milbank Memorial Fund Quarterly*, 20(2), 1942, pp.126~138.

38 Whelpton, P.K., op.cit., pp.299~313.

39 Heilig, G.K., Büttner, T. & Lutz, W., "Germany's population: turbulent past, uncertain future", *Population bulletin*, 45(4), 1990, pp.1~46.

40 Stolleis, M., *Origins of the German Welfare State: Social Policy in Germany to 1945*, German Social Policy, vol 2. Berlin, Heidelberg: Springer, 2013.

41 Kramer, S.P., *The other population crisis: What governments can do about falling birth rates*, Woodrow Wilson Center Press/Johns Hopkins University Press, 2013.

42 Statistisches Bundesamt, 2023.

43 조용남, 「구동독 이주민 발생과 구서독 정부의 대처」, 『통일경제』 28, 현대경제연구원, 1997.

44 이재원, 「독일 통일과 동독인들의 서독 유입 문제」, 『독일학연구』, 6, 1997. 43~56쪽.

45 권오국, 「통일대비 북한의 인구이동에 대한 연구―독일의 경험과 정책적 시사점을 중심으로」, 『북한학보』 36(2), 2011. 72~109쪽.

46 Grunow, D. & Müller, D., "Kulturelle und strukturelle Faktoren bei der Rückkehr in den Beruf: ostdeutsche, westdeutsche und ost-west-mobile Mütter im Vergleich", *Zeitschrift für Familienforschung*, Sonderheft, 2012. pp.55~77.

47 Burda, M.C., Hunt, J., "From reunification to economic integration: Productivity and the labor market in Eastern Germany", *Brookings papers on economic activity*, 2001(2), pp.1~92.

48 김창권, 「독일 통일 이후 구동독지역 인구이동 및 인구변화와 한반도 통일

에 주는 정책적 시사점」, 『경상논총』, 28(1), 2010, 28~55쪽.

49 위의 글.

50 통계청, 『통독 전후의 경제사회상 비교』, 1996.

51 Heiland, F., "Trends in East-West German migration from 1989 to 2002", *Demographic Research*, 11, 2004, pp.173~194.

52 Diewald, M., Goedicke, A. & Mayer, K.(Eds.), *After the fall of the wall: Life courses in the transformation of East Germany*, Stanford University Press, 2006.

53 Rosenbaum-Feldbrügge, M., Stawarz, N. & Sander, N., "30 Years of East-West Migration in Germany: A Synthesis of the Literature and Potential Directions for Future Research", *Comparative Population Studies-Zeitschrift für Bevölkerungswissenschaft*, 47, 2022, pp.185~210.

54 Schmithals, J., "Return migration to East Germany-motives and potentials for regional development", *Demographic aspects of migration*, Wiesbaden: VS Verlag für Sozialwissenschaften, 2010, pp.281~301.

55 Kreyenfeld, M. & Vatterrott, A., "Salmon migration and fertility in East Germany-an analysis of birth dynamics around German reunification", *Zeitschrift für Familienforschung*, 30(3), 2018, pp.247~268.

56 Häußermann, H. & Siebel, W., "Die schrumpfende Stadt und die Stadtsoziologie", *Soziologische stadtforschung*, 1988, pp.78~94.

57 Friedrichs, J. & Kahl, A., "Strukturwandel in der ehemaligen DDR-Konsequenzen für den Städtebau", *Archiv für Kommunalwissenschaften*, 2, 1991. pp.169~197.

58 Buck, H., *Mit hohem Anspruch gescheitert – Die Wohnungspolitik der DDR*. Lit-Verlag, 2004.

59 Rink, D., "Revolution 1989 und Vereinigung 1990: Stadtentwicklung am Wendepunkt", Oswalt. P. & Mittmann. E.(Eds.), *Weniger ist Zukunft*, 19 Städte-19 Themen, Jovis, 2010, pp.224~243.

60 Nelle, A., Großmann, K., Haase, D., Kabisch, S., Rink, D, & Wolff, M., "Urban shrinkage in Germany: An entangled web of conditions, debates and policies", *Cities*, 69, 2017, pp.116~123.

61 Glock, B. & Häußermann, H., "New trends in urban development and public policy in eastern Germany: dealing with the vacant housing problem at the local level", *International Journal of Urban and Regional Research*, 28(4), 2004, pp.919~929.

62 Borst, R., "Volkswohnungsbestand in Spekulantenhand? Zu den möglichen Folgen der Privatisierung von ehemals volkseigenen Wohnungen in den neuen Bundesländern", *Stadtentwicklung in Ostdeutschland: soziale und räumliche Tendenzen*, 1996, pp.107~128.

63 Wiechmann, T. & Pallagst, K.M., "Urban shrinkage in Germany and the USA: A comparison of transformation patterns and local strategies", *International journal of urban and regional research*, 36(2), 2012, pp.261~280.

64 Oswalt, P.(ed.), *Shrinking cities, Vol. 1: International research*, Hatje Cantz Verlag, Ostfildern-Ruit, Germany, 2006.

65 Bernt, M., "The emergence of "Stadtumbau Ost"", *Urban Geography*, 37(2), 2016, pp.285~302.

66 Jansen, H. & Ryan, B.D., "Shrinking cities and regional planning: The case of Eastern Germany", *Regional Studies*, 57(3), 2023, pp.513~525.

67 Haase, A., Rink, D., Grossmann, K., Bernt, M. & Mykhnenko, V., "Conceptualizing urban shrinkage", *Environment and Planning A: Economy and Space*, 46(7), 2021, pp.1519~1534.

68 Bundesinstitut für Bau-, Stadt- und Raumforschung(BBSR) & Bundesministerium für Umwelt, Naturschutz, Bau und Reaktorsicherheit(BMUB) (Eds.), *Gemeinsame Evaluierung der Programme Stadtumbau Ost und Stadtumbau West*, 2016.

69 Jansen, H. & Ryan, B.D., op.cit., pp.513~525.

70 박종기, 「독일 지방도시 Cottbus 도시재생 사례 및 기법에 관한 연구」, 『대한건축학회 논문집－계획계』30(11), 2014, 147~158쪽.

71 Jansen, H. & Ryan, B. D., op.cit.

72 박종기, 앞의 글.

73 Bundesinstitut für Bau-, Stadt- und Raumforschung(BBSR) & Bundesministerium für Umwelt, Naturschutz, Bau und Reaktorsicherheit(BMUB) (Eds.), op.cit.

74 Martinez-Fernandez, C., Audirac, I., Fol, S. & Cunningham-Sabot, E., "Shrinking Cities: Urban Challenges of Globalization", *International Journal of Urban and Regional Research*, 36(2), 2012, pp.213~225.

75 Turkington, R. & Watson, C.(Eds.), *Renewing Europe's housing*, Bristol: Policy Press, 2015.

76 Beyme, K.V., *Der Wiederaufbau: Architektur und Städtebaupolitik in beiden deutschen Staaten*, 1987.

77 Friedrichs, J., "A theory of urban decline: economy, demography and political elites", *Urban Studies*, 30(6), 1993, pp.907~917

78 Hennig, B.D., "The growth and decline of urban agglomerations in Germany", *Environment and Planning A: Economy and Space*, 51(6), 2019, pp.1209~1212

79 Friedrichs, J., Müller, R. & Strubelt, W., "Housing and urban renewal: the case of Germany", *In Renewing Europe's Housing*, Policy Press, 2014, pp.143~160.

80 Becker, H.(Ed.), *Gropiusstadt, soziale Verhältnisse am Stadtrand: Soziologische Untersuchunge. Berliner Grossiedlung*, Kohlhammer, 1977.

81 Strubelt, W. & Kauwetter, K., *Soziale Probleme in ausgewählten Neubaugebieten verschiedener Städte der Bundesrepublik Deutschland. Bundesminister für Raumordnung, Bauwesen und Städtebau*, 1982.

82 Gans, P., "Urban population development in Germany(2000~2014): The con-

tribution of migration by age and citizenship to reurbanisation", *Comparative Population Studies*, 42, 2017, pp.319~352.

83 Walther, U. J. & Mensch, K., *Armut und Ausgrenzung in der Sozialen Stadt? Konzepte und Rezepte auf dem Prüfstand. Darmstadt.* Vorbereitung. V Bausteine lokaler Aktivierungsstrategien, 2004.

84 Bartholomae, F., Woon Nam, C. & Schoenberg, A., "Urban shrinkage and resurgence in Germany", *Urban Studies*, 54(12), 2017, pp.2701~2718.

85 Friedrichs, J., *Die Stlldte in den 80er Jahren*, Opladen: Westdt, 1985.

86 Walther, U.J. & Mensch, K., op.cit.

87 Haase, A., Bontje, M., Couch, C., Marcinczak, S., Rink, D., Rumpel, P. & Wolff, M. "Factors driving the regrowth of European cities and the role of local and contextual impacts: A contrasting analysis of regrowing and shrinking cities", *Cities*, 108, 2021.(www.elsevier.com/locate/cities)

88 Wiechmann, T. & Pallagst, KM., "Urban shrinkage in Germany and the USA: A Comparison of Transformation Patternsand Local Strategies", *International Journal of Urban and Regional Research.* 36(2), 2012, pp.261~280.

89 Gao, S., Jansen, H. & Ryan BD., "Demolition after decline: Understanding and explaining demolition patterns in US and German shrinking cities", *Cities*, 134, 2023, 104185.(www.elsevier.com/locate/cities)

90 Bernt, D., "Partnerships for Demolition: The Governance of Urban Renewal in East Germany's Shrinking Cities", *International Journal of Urban and Regional Research*, 33(3), 2009. pp.591~883.

91 Martinez-Fernandez, C., Audirac, I., Fol, S. & Cunningham-Sabot, E. 2012. op.cit., pp.213~225.

92 Gao, S., Jansen, H., & Ryan BD., op.cit.

93 Haase, A., Schmidt, A., Rink, D. & Kabisch, S., "Leipzig's inner east as an arrival space? Exploring the trajectory of a diversifying neighbourhood", *Urban*

Planning, 5(3), 2020, pp.89~102.

94 ibid.

95 Haase, A., Bontje, M., Couch, C., Marcinczak, S., Rink, D., Rumpel, P. & Wolff, M., op.cit.

96 ibid.

97 ibid.

98 Edlund, L. & Lagerlof, N.P., *Implications of marriage institutions for redistribution and growth*, Unpublished Manuscript, Columbia University, 2004.

99 Boccaccio, G., Waldman, G. & Usher, J., *The Decameron*, Oxford University Press, 1998.(https://books.google.co.kr/books?id=4Z5x82ImmF0C)

100 Völger, G. & Welck, K., *Die Braut – Geliebt verkauft getauscht geraubt. Zur Rolle der Frau im Kulturvergleich*, Rautenstrauch–Joest–Museum, 1985.
    Karen, C. S., Maribeth G. & D. Goetz, "Exploring factors influencing parents' and early childhood practitioners' beliefs about inclusion", *Early Childhood Research Quarterly*, 13(1), 1998, pp.107~124.

101 Von Schmädel, J., "The history of marriage law in Austria and Germany: from sacrament to civil contract", *Hitotsubashi Journal of Law and Politics*, 37, 2009, pp.41~47.

102 Klika, D., "Andreas Gestrich/Jens–Uwe Krause/Michael Mitterauer: Geschichte der Familie. Stuttgart: Kröner 2003(750 S.)[Rezension]", *Erziehungswissenschaftliche Revue (EWR)*, 3(2). 2004.

103 Coontz, S., *Marriage, a history: How love conquered marriage*, Penguin, 2006.

104 Nipperdey, T., *Germany from Napoleon to Bismarck: 1800-1866*(Vol. 333). Princeton University Press, 2014.

105 Köcher, R., *Einstellungen zu Ehe und Familie im Wandel der Zeit*. Stuttgart, 1985.

106 Tyrell, H., "Familie und gesellschaftliche Differenzierung", Pross, H.(Hrsg.),

Familie-wohin?, Reinbek, 1979, S.13~77.

107 Picht, G., *Die deutsche Bildungskatastrophe*(Vol. 349), München : Deutscher Taschenbuch Verlag, 1965.

108 최재호, 「1960~70년대 서독 교육개혁과 산업계에 관한 연구」, 『독일연구 －역사·사회·문화』 44, 2020, 133~170쪽.

109 Gysi, J., Liebscher, R., EBERT, E. & Zierke, I., "Frau und Familie", *Frauen-report*, 90, 1990, pp.101~152.

110 Satogami, M., "Changes in the female labour market in German New Länder", *The Journal of Comparative Economic Studies*, Vol.6, 2011, pp.59~77.

111 Bundesinstitut für Bevölkerungsforschung, *Scheidungen in Ost- und Westdeutschland, 1950 bis 2019*, 2021.

112 Ross, K., *May'68 and its Afterlives*, University of Chicago Press, 2008.

113 Tyrell, H., op.cit.

114 Meyer, T., "Private Lebensformen im Wandel", Geißler, R.(Hrsg.), *Die Sozial-struktur Deutschlands.*(4., überarb. u. aktualis. Auf., S. 331~357), Wiesbaden, 2006.

115 Hohn, C., "Population－relevant policies before and after unification of Germany", *Materialien zur Bevolkerungswissenschaft*, 75, 1992, pp.5~27.

116 Konietzka, D. & Kreyenfeld, M., "Non－marital births in East Germany after unification", *Max Planck Institute for Demographic Research Working Paper*, 27. 2001.

117 Gysi, J. & Speigner, W., *Changes in the life patterns of families in the German Democratic. Republic*, Institut für Soziologie und Sozialpolitik an der Akademie der Wissenschaft der Deutschen Demokratischen Republik, 1983.

118 Konietzka, D. & Kreyenfeld, M. op.cit.

119 Höhn, C., "Population Related Policies in the German Democratic Republic from the 1960s to the 1980s", *Population Bulletin of the United Nations*, 32/33,

1992, pp.8~20.

120 Arránz Becker, O., Lois, D. & Nauck, B., "Differences in fertility patterns between East and West German women: Disentangling the roles of cultural background and of the transformation process", *Comparative Population Studies–Zeitschrift für Bevölkerungswissenschaft*, 35(1), 2010, pp.7~34.

121 Lesthaeghe, R., "The Unfolding Story of the Second Demographic Transition", *Population and Development Review*, 36(2), 2010, pp.211~251.

122 Becker, G.S., *A Treatise on the Family*, Harvard University Press, 1991.

123 Esping-Andersen, G. & Billari, F.C., "Re-theorizing family demographics", *Population and development review*, 41(1), 2015, pp.1~31.

124 Miró, A., *Veränderungen der Institution Ehe im Wandel der Zeit*, 1999.

125 Ostner, I., "Ideas, Institutions, Traditions: The Experience of West German Women, 1945~1990", *German Politics & Society*, 24/25, 1991, pp.87~99.

126 Moeller, R.G., *Protecting motherhood: Women and the family in the politics of post-war West Germany*, Univ of California Press, 1996.

127 Oetker-Firmenarchiv.(n.d.), [Advertisement for BACKIN](S2/86), Stadtgeschichtliches Museum Leipzig. 1955. [Advertisement for KONSUM](PL 55/11).

128 이삼식·이지혜, 『초저출산현상 원인과 정책과제』, 한국보건사회연구원, 2014.

129 이삼식·엄애선·오경림, 『인구전략과 거버넌스 개편(안) 연구』, 대통령직속 저출산고령사회위원회·한양대학교 고령사회연구원, 2022.

130 이미화, 「독일 가족정책의 형성과 변화와 정당의 역할: 보충성 원칙을 중심으로」, 『인문사회21』제12권 2호, 2021, 2113~2128쪽.

131 이삼식·엄애선·오경림, 앞의 책.

132 Statistisches Bundesamt, 2024.

133 Rueschemeyer, M. & Schissler, H., "Women in the Two Germanys", *German*

Studies Review, 13, 1990, pp.71~85.

134 이미화, 앞의 책.

135 이삼식 · 신인철 · 조남훈 · 김희경 · 정윤선 · 최은영 · 황나미 · 서문희 · 박
세경 · 전광희 · 김정석 · 박수미 · 윤홍식 · 이성용 · 이인재,『저출산 원인
및 종합대책 연구』, 저출산고령사회위원회 · 보건복지부, 2005.

136 https://www.spiegel.de/politik/land-ohne-lachen-a-ac63
ef58-0002-0001-0000-000029610124

137 이미화, 앞의 책.

138 Windwehr, J. & Fischer, T., "The limits of change: German family policy and
the dynamics of policy transfer 2009~2017", *German politics*, 30(2), 2021,
pp.189~207.

139 Statistisches Bundesamt, 2024.

140 Akyon, S.H., Yilmaz, T.E., Sahin, B. & Ozkara, A., "Fertility rates of Syrian
migrants in Turkey, baby boom, and possible factors related to them", *Ankara
Medical Journal*, 23(1), 2023.

141 Bujard, M. & Andersson, G., "Fertility declines near the end of the CO-
VID-19 pandemic: Evidence of the 2022 birth declines in Germany and Swe-
den", *BiB Working Paper*, 6/2022.

142 huaxia, "Germany's birth rate falls to lowest level since 2009", 2024.3.21.
(https://english.news.cn/20240321/d4d25e331e474d169ebcf3fd502987cc/
c.html)

143 https://www.trtdeutsch.com/news-inland/geburtenrate-in-deutschland-
fallt-auf-tiefsten-stand-seit-2009-17437151

144 Leopoldina, *Zukunft mit Kindern*, 2012.

145 Bundesministerin für Familie, Senioren, Frauen und Jugend(BMFSFJ), "Agenda
2030-Nachhaltige Familienpolitik", 2019.

146 박채복,「독일의 이주자정책: 사회적 통합과 배제의 딜레마」,『한독사회과

학논총』 17(1), 2007, 293~319쪽.

147 전현중, 「유럽의 이주인력 고용·분석: 독일과 프랑스의 비교」, 『유럽연구』, 28(2), 2010, 177~207쪽.

148 Dagevos, J., Schellingerhout, R. & Vervoort, M, "Sociaal culturele integratie en religie", Dagevos, J. & Gijsberts, M.(Eds.), *Jaarrapport integratie*, Den Haag: Sociaal en Cultureel Planbureau, 2007, pp.163~189.

149 Arson Attack in Solingen(May 28~29, 1993), published in: German History Intersections.(https://germanhistory-intersections.org/en/migration/ghis: image-182 [November 29, 2023])

150 Witte, L., *Demographic change in Germany and reversal of spatial ageing patterns*. Springer Science & Business Media, 2012.

151 Sarrazin, T., *Deutschland schafft sich ab: Wie wir unser Land aufs Spiel setzen*, Deutsche Verlags-Anstalt, 2010.

152 Bundesinstitut für Bevölkerungsforschung, *Ausländische Bevölkerung*, 2023. (https://www.destatis.de/DE/Themen/Gesellschaft-Umwelt/Bevoelkerung/Migration-Integration/Tabellen/auslaendische-bevoelkerung-bundeslaender-jahre.html)

153 강하림, 「독일: 우크라이나 난민의 독일 정착과 노동 활동」, 『국제노동브리프』 21(3), 2023. 6~15쪽. (https://repository.kli.re.kr/bitstream/2021.oak/4556/2/%EA%B5%AD%EC%A0%9C%EB%85%B8%EB%8F%99%EB%B8%8C%EB%A6%AC%ED%94%84_v.21_no.3_6.pdf)

154 Bundesministerium der Justiz, "Verordnung zur Weiterentwicklung der Fachkräfteeinwanderung", *Bundesgesetzblatt Teil I*, Nr. 233, ausgegeben zu Bonn am 31. August 2023, S. 1-18.

인구
제국

인구제국

초판 1쇄 인쇄 · 2025년 1월 20일
초판 1쇄 발행 · 2025년 1월 31일

지은이 · 이삼식, 오경림
펴낸이 · 한봉숙
펴낸곳 · 푸른사상사

주간 · 맹문재 | 편집 · 지순이 | 교정 · 김수란, 노현정 | 마케팅 · 한정규
등록 · 1999년 7월 8일 제2-2876호
주소 · 경기도 파주시 회동길 337-16 푸른사상사
대표전화 · 031) 955-9111(2) | 팩시밀리 · 031) 955-9114
이메일 · prun21c@hanmail.net
홈페이지 · http://www.prun21c.com

ⓒ 이삼식 · 오경림, 2025

ISBN 979-11-308-2208-2 93330
값 22,000원